# LÉPIDOPTÈRES

## DES ENVIRONS

## DE DOUAI

Extrait des *Mémoires de la Société d'Agriculture, sciences et arts de Douai,*
*centrale du département du Nord,* t. XII, 2e série.

# CATALOGUE

## MÉTHODIQUE ET RAISONNÉ

DES

# LÉPIDOPTÈRES

DES ENVIRONS DE DOUAI

(Pour servir à la faune entomologique du département du Nord.)

PAR

Alfred FOUCART.

<table>
<tr><td align="center">DOUAI<br>Librairie scientifique<br>De LUCIEN CRÉPIN<br>23, rue de la Madeleine, 23.</td><td align="center">PARIS<br>Librairie zoologique<br>De E. DEYROLLE Fils<br>23, rue de la Monnaie, 23.</td></tr>
</table>

1876.

# CORRIGENDA.

Au tableau des abréviations, ajouter :

G.   Genre.

Ab.   Aberration.

Vté.   Variété.

Page 15. Au lieu de *Dumicole,* lire : *Dumicoles.*

Après le n° 100, page 21, lire :

G. *Setina.*. Schr.

100 *bis. Mesomella.* L. — T. C. Dans tous les bois. De mai à juillet.

Avant le n° 101, p. 21, lire :

G. *Lithosia.* F.

P. 51, n. (1). Au lieu de *maculatures,* lire : *macules.*

P. 63, n° 417. Au lieu de *Europœus,* lire : *Europœa.*

P. 111, n° 411. Au lieu de *Hieracum* et *Chrysantemum,* lire : *Hieracium* et *Chrysanthemum.*

P. 123, au lieu de G. *Mimœscoptilus,* lire : *Mimœseoptilus.*

# CATALOGUE

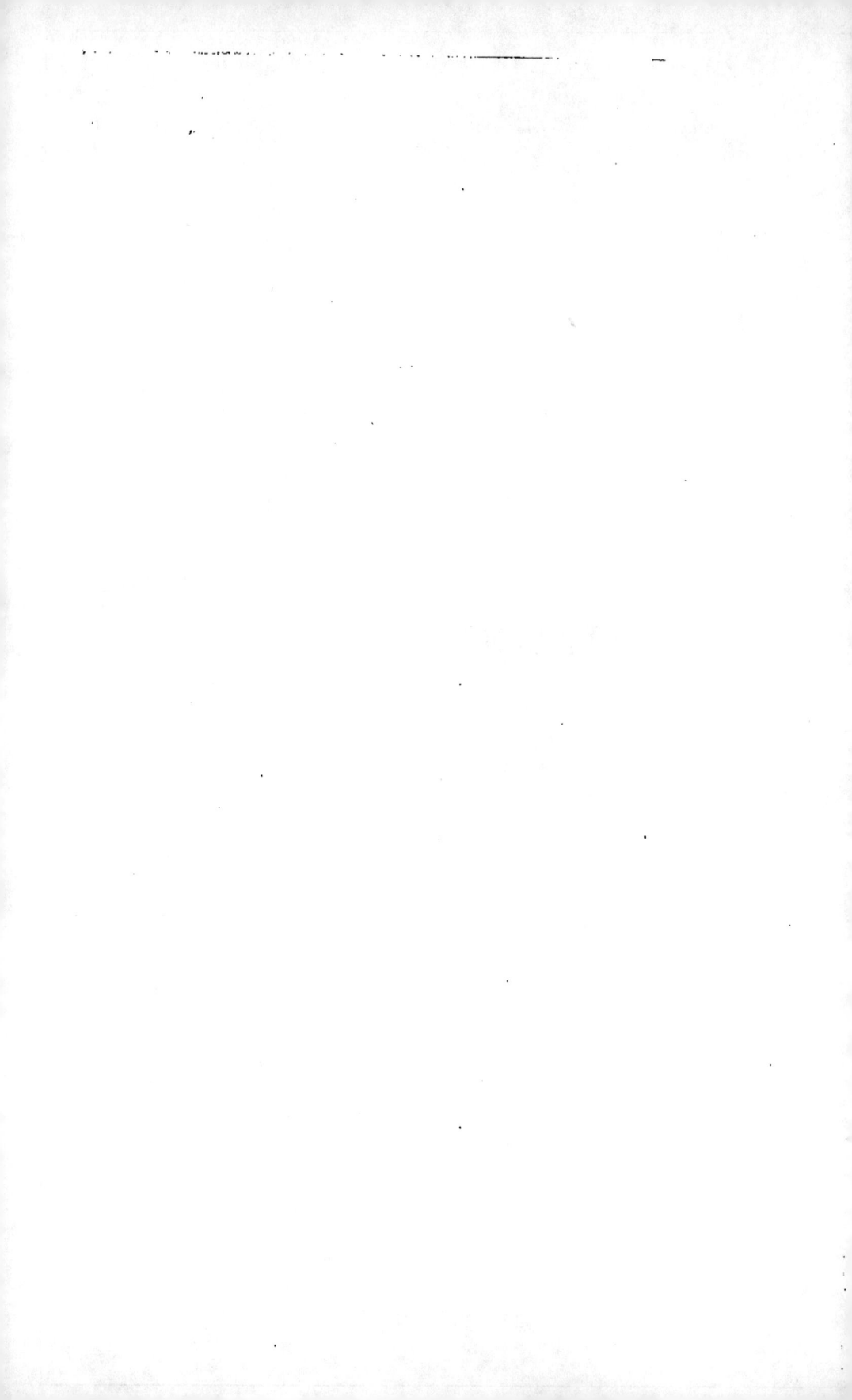

# INTRODUCTION.

Le titre même de l'ouvrage dont M. Foucart, présente l'hommage à notre Compagnie indique qu'il n'a pas eu la prétention de dresser le catalogue complet des lépidoptères de notre département. Nous devons lui en savoir gré, et il serait bien à souhaiter que son exemple trouvât des imitateurs. A vouloir embrasser une trop large étendue de pays, on risque de se trouver dans l'impossibilité, quelque soin et quelque scrupule qu'on y apporte, de l'explorer parfaitement dans toutes ses parties, et de voir ainsi bien des choses échapper à des investigations qui perdent en précision tout ce qu'elles peuvent gagner en surface.

Dans notre siècle d'affaires, on rencontre bien rarement des personnes qui puissent ou veuillent donner tout leur temps aux recherches d'histoire naturelle, et, même en la consacrant à une seule des divisions de l'entomologie, la vie entière d'un homme ne suffirait pas à l'exploration complète d'une contrée aussi vaste que le département du Nord.

Mieux vaudrait donc que chaque collectionneur bornât son ambition à l'étude, aussi complète que possible, au point de vue de la partie de l'histoire naturelle à laquelle il s'est voué, du petit coin de terre où le retiennent ses occupations ou ses habitudes, et à la publication des résultats heureux que ses chasses ne manqueront jamais de lui procurer ; la réunion, la centralisation des relevés de ces recherches

locales donnerait seule la possibilité d'établir un inventaire
à peu près complet des richesse naturelles du pays.

Le catalogue de M. Foucart nous fait voir à quels résultats peuvent conduire des recherches patientes et suivies,
même quand elles sont limitées à une localité restreinte, et
placées dans des conditions peu favorables. La vaste étendue
de nos marais, l'absence, chez nous, des grandes surfaces
forestières qui fournissent tant à l'entomologie, la perfec-
tion même de nos méthodes de culture ont toujours fait
considérer l'arrondissement de Douai comme un des moins
favorisés sous le rapport de la richesse en insectes, et prin-
cipalement en papillons; et cependant, dans ce pays dés-
hérité, M. Foucart a su recueillir, en quatre années seulement de chasses, mais de chasses incessantes et par l'emploi
de tous les procédés connus, 1071 espèces de lépidoptères,
parmi lesquelles figurent 546 espèces appartenant à la catè-
gorie si intéressante, mais d'une étude si difficile, des microlépidoptères.

J'ai sous les yeux le catalogue des lépidoptères du département du Nord, récemment publié par M. Le Roi de Lille;
les recherches faites pendant 15 ans par l'auteur de cet
important et consciencieux travail lui ont permis d'enre-
gistrer les noms de 543 espèces de papillons, dont 32 seulement, les Deltoïdes, sont rangés par M. Foucart au nombre des microlépidoptères. Restent donc 511 espèces, tant
diurnes que nocturnes, pour tout le département, tandis
que, déduction faite des microlépidoptères, dont M. Le Roi
ne s'est pas occupé, le catalogue de M. Foucart en com-
prend encore 525 pour une partie seulement de l'arrondissement de Douai.

Ces chiffres parlent d'eux-mêmes et n'ont pas besoin
d'être commentés.

M. Foucart a eu l'attention libérale de faire don au Musée de Douai d'une série complète des espèces et variétés capturées par lui dans ses chasses. Il s'est acquis ainsi des droits à la reconnaissance des amateurs, auxquels sa collection rendra plus facile l'étude des papillons, et surtout des microlépidoptères du pays.

E. DELPLANQUE,
*Membre honoraire de la Société.*

15 mars 1875.

# AVANT-PROPOS.

J'ai l'honneur de soumettre à la *Société d'Agriculture, Sciences et Arts de Douai, centrale du département du Nord*, le catalogue des lépidoptères recueillis dans les environs de notre ville.

Toutes les espèces citées ont été capturées dans un bien faible rayon, trois lieues au plus, — car la localité la plus éloignée est Bugnicourt. (Bois de Cantin).

Le peu de temps employé à la recherche de ces lépidoptères, (un peu plus de quatre ans), démontre la richesse lépidoptérologique de notre contrée; et, je ne doute pas que cette liste ne vienne encore un jour à s'augmenter dans une notable proportion.

J'ai cru bien faire, afin de faciliter les recherches à ceux qui, comme moi, seraient désireux d'étudier cette intéressante section de l'entomologie, de citer les époques et les localités où j'ai capturé chacune des espèces signalées.

J'aurais peut-être également bien fait d'y ajouter quelques détails sur la nourriture et les mœurs des chenilles surtout pour toutes celles des microlépidoptères. Ce travail eût été peu difficile, grâce au *Calendrier du microlépidoptériste* de M. Jourd'heuille, de Troyes, et aux précieux renseignements qu'auraient pu me fournir mes maîtres et érudits collègues MM. de Peyerimhoff de Moulins, et Ragonot de Paris.

Mais outre que cela eût demandé un temps assez considérable, la crainte d'abuser de la bienveillance de la Société en donnant un développement trop considérable à ce catalogue, m'a retenu dans de plus simples limites.

Peut-être entreprendrai-je un jour le *Catalogue général* des lépidoptères du département du Nord? mais ce travail, pour être sérieux et à peu près présentable, demanderait un séjour prolongé dans chaque commune ou le concours actif et éclairé de nombreux entomologistes. Malheureusement le nombre en est très-restreint.

Si mon travail a atteint le but que je me suis proposé, celui d'éveiller l'attention et la curiosité des membres de la Société sur tous ces ennemis de l'agriculture et de nos forêts, je publierai de temps à autre une liste supplémentaire des espèces nouvellement découvertes, mais toujours dans le *même périmètre des environs de Douai*.

Enfin, je saisis cette occasion pour remercier MM. Demont et Deligny, amateurs de notre ville, des renseignements qu'ils ont bien voulu me donner sur l'ancienne faune de Douai, renseignements que j'ai consignés avec soin dans le présent catalogue, et surtout pour marquer toute ma gratitude à mon bon collègue et ami M. Blind, qui, depuis plus d'un an, n'a cessé de m'aider de tout son pouvoir dans mes recherches à travers bois et prairies.

FOUCART Alfred.

1ᵉʳ février 1875.

# ABRÉVIATIONS

## Les plus usitées dans ce Catalogue.

---

| R. | Rare. | | C. | Commune. |
|---|---|---|---|---|
| T. R. | Très rare. | | A. C. | Assez commune. |
| A. R. | Assez rare. | | P. C. | Peu commune. |
| P. R. | Pas rare. | | T. C. | Très commune. |

| | | | |
|---|---|---|---|
| Alb. | A lbin. | Kuhl. | Kuhlwein. |
| And. | Anderreg. | Lasp. | Laspeyre. |
| Bdv. ou B. | Boisduval. | Latr. | Latreille. |
| Bork. Bkh. | Bo khausen. | Ld. Led. | Lederer. |
| Br. | Brahm. | L. | Linnæus. |
| Brd. | Bruand. | Metz. | Metzner. |
| Cl. | Clerck. | Mill. | Millière. |
| Cr. | Cramer. | Mn. | Mann. |
| Curt. | Curtis. | Naturf. | Der Naturforscher. |
| Donz. | Donzel. | Nick | Nickerl. |
| Dbd. | Doubleday. | Och. O. | Ochseinheimer. |
| Dup. D. | Duponchel. | Pal. | Palmer. |
| Eng. | Ernst et Engramelle. | Panz. | Panzer. |
| Esp. | Esper. | Rb. | Rambur. |
| Ev. | Eversmann. | Réaum. | Réaumur. |
| Fab. ou F. | Fabricius. | Ræs. | Ræsel. |
| Fischer. | V. Roslertamm. | ec., Schiff. | Schiffermiller, auteur du |
| Fr. | Freyer. | ou S. V. | *Systematisches Ver-* |
| Fris. | Frisch. | | *zeichniss.* |
| Geof. | Geoffroy. | Schl | Schlager. |
| Germ. | Germar. | Schr. | Schranck. |
| God. | Godart. | Schæf. | Schæffer. |
| Gn. | Guénée. | Scop. | Scopoli. |
| Hw. | Haworth. | Scrib. | Scribe. |
| Heeg. | Heeger. | Stgr. | Staudinger. |
| Hein. | Heinemann. | Steph. | Stephens. |
| H. S. | Herrich Schæffer. | Stt. | Stainton. |
| Hey. | Heyder. | Sulz. | Sulzer. |
| Hb. ou H. | Hubner. | Thunb. | Thunberg. |
| Huf. | Hufnagel. | Tr. | Treitschke. |
| Illig. | Illiger. | W. V. | Wiener Verzeichniss. |
| Kind. | Kindermann. | Wiew. | Vieweg. |
| Klée. | Kléemann. | Wk. | Wocke. |
| Kn. | Knock. | Zel. | Zeller. |
| Kol. | Kollar. | | |

# RHOPALOCERA Duméril. Bdv.

*Diurni,* Auct. *Achalinoptera,* Blanchard.

---

## Papilionidæ.

*Succeints.* — *Succinti* Bdv.

---

### G. PAPILIO. Linné.

1. Machaon. L. — C. Dans toutes les prairies, glacis, champs de luzerne en juin et juillet. Chenille sur *Daucus Carota.*

### Pieridæ.

### G. LEUCONEA. Donzel.

2. Cratægi. L. — A. C. Prairies, bois et jardins, en juin, juillet. Chenille en famille sur l'aubépine.

### G. PIÉRIS. Schranck.

3. Brassicæ. L. ⎰ C. Partout et presque toute l'année.
4. Rapæ. L. ⎱ Bois, prairies et jardins. Avril, août.
5. Napi. L. ⎰ Chenilles sur choux, navets, résédas, capucines, etc.

Vté *Napæ.* L. — Remplace *Napi* en septembre. Commune partout.

6. Daplidice. L. — R. Bois de Bugnicourt. Çà et là. Cette espèce était autrefois assez commune avant le défri-

chement du bois de Belleforière qui était à nos portes. (MM. Demont et Deligny).

V<sup>té</sup> *Bellidice*. Ochs. Avec le type et aussi rare.

### G. ANTHOCHARIS. Bdv.

7. CARDAMINES. L. — C. Dans les prairies et allées des bois frais, en mars, avril, mai. Pris en 1871 un exemplaire dès le mois de février.

### G. LEUCOPHASIA. Stephens.

8. SINAPIS. L. — Bois de Faumont. Prairies de Médole ? Cette espèce, commune autrefois, paraît être disparue de nos environs. N'était pas rare dans les bois de Belleforière. Mai, juin.

V<sup>té</sup> *Erysimi*. Bork. } 
V<sup>té</sup> *Diniensis*. Bdv. } T. R. avec le type.

### G. COLIAS. Fab.

9. HYALE. L. — C. Dans toutes les prairies. Juillet, août

10. EDUSA. Fab. — Moins répandue. Dans les prairies, sur les talus, endroits secs. Août, septembre.

### G. RHODOCERA. Bdv.

11. RHAMNI. L. — T. C. Partout. Dans les allées des bois et prairies de mars en août, chenille sur le *Rhamnus frangula*.

### Lycænidæ.

### G. THECLA. Fab.

12. BETULÆ. L. — R. Dans les bois et jardins. Se prend de loin en loin. Août.

13. W. Album. Knoch. — P. C. Très-localisé. Allées d'ormes dans les bois. Gœulzin. Juin, juillet.

14. Ilicis. Esp. *Lynceus*. Fab. — Pullule sur les fleurs des ronces. Bois de Gœulzin, Flines, Faumont. Juin, juillet.

15. Quercus. L. — Dans les bois de chênes. Assez commun dans celui de Gœulzin. Juin, juillet. Vole quelquefois en nombre en haut des taillis de chênes.

16. Rubi. L. — T. C. Dans nos bois, Wagnonville et Cuincy exceptés. Allées et lisières, sur les fleurs. Mai.

### G. POLYOMMATUS. Latr.

17. Dorilis Hufnagel. *Xanthe*. Fab. — C. Prairies humides, fonds des glacis. Juillet, août.

18. Phlæas. L. (1). — C. Partout. Glacis, prairies, lisières et allées des bois. Juin, septembre.

19. Bætica. L. — T. R. Un seul exemplaire *mâle* capturé dans un jardin de la ville. (Cette espèce est accidentelle.) Septembre.

### G. LYCÆNA. F.

20. Medon. Hufn. *Agestis*. S. V. — C. Dans les prairies humides et fonds des glacis. Juin, août et septembre.

21. Icarus. Rott. *Alexis*. S. V. — Pullule dans tous les bois et prairies. De Mai à septembre.

Ab. Icarinus. S. *Thersites*. Bdv. — Avec le type, et pas rare.

22. Argiolus. L. — C. Dans les bois et jardins. Endroits plantés de lierre. Avril, mai.

---

(1) Pris dans nos glacis un exemplaire *mâle* dont les ailes supérieures sont presque envahies par la couleur noire.

23. Semiargus. Rott. *Acis*. God. — A. C. Fonds des glacis. Prairies humides. Juin, août et septembre.

24. Cyllarus. God. — T. R. Un exemplaire dans les environs d'Auberchicourt en 1870. Juillet. Retrouvé depuis près du bois de Gœulzin.

## Apaturidæ.

### Suspendus. — *Suspensi*. Bdv.

#### G. APATURA. Fab.

25. Iris L.
26. Ilia. S. V.   } R. Bois de Faumont. Ces espèces y étaient autrefois communes. Juillet.
*Ab. Clytie*. H B.

## Nymphalidæ.

#### G. LIMENITIS. Fab.

27. Populi. L.   } Cette espèce qui, avant le défri-
*Ab. Tremulæ*. Esp. } chement du bois de Belleforière, était très commune, (elle se prenait jusque près de nos glacis). — MM. Demont et Deligny. — est introuvable aujourd'hui. Je ne la mentionne que comme souvenir. Se trouvait également dans le bois de Faumont et dans celui de Cuincy. Juin.

28. Sibylla L — T. C. Dans tous les bois où pousse abondamment le chèvrefeuille. Juin, juillet.

Ab. *Nigra*. L. Avec le type, et très rare.

#### G. VANESSA. Fab.

29. C. Album. L. — C. Dans tous les bois. Mars à novembre.

30. Atalanta. L.
31. Polychloros. L. ⎱ Communes partout, et pendant
32. Urticæ. L. ⎰ toute l'année dans les bois et
33. Io. L. prairies.

Ab. *Ioïdes*. Och. S'obtient facilement en faisant jeûner la chenille.

34. Antiopa. L. — R. Bois et glacis. Aime à se poser sur les arbres malades ou abattus. Mars, avril et juillet.

35. Cardui. L. Abonde certaines années , dans les champs, routes, prairies, etc. Juin à septembre.

### G. MELITÆA. Fab.

36. Artemis. S. V. — C. Allées des bois de Flines , Faumont et Gœulzin. Mai, juin.

37. Cinxia. L. — R. Bois de Faumont, au rond-point de la grande allée. Juin, juillet.

38. Athalia. Esp.- T. C. Dans tous nos bois ; ceux de Wagnonville et de Cuincy exceptés. Mai, juin.

39. Dictynna. Esp. — R. Même localité que *Cinxia*. Juin, juillet.

40. Parthenie. Borkhausen.—A. C.—Allées du bois de Faumont, et surtout dans celles du bois de Médole. Juin.

### G. ARGYNNIS. Fab.

41. Selene. S. V. — C. Allées des bois. Juin, juillet.

42. Euphrosyne. L. —Localisée. Abondante au bois de Faumont. Très-rare dans celui de Flines. Juin, juillet.

43. Lathonia L. ⎱ P. C. Allées des bois, jardins et
44. Aglaja. God. ⎰ prairies. Juillet, août.

45. Paphia. L.— C. Allées des bois de Faumont, Flines, et Gœulzin. Juin, juillet.

Ab. *Femelle-Valesina*. Esp. — R. Mêmes localités.

## Satyridæ.

### G. ARGE Bdv.

46. GALATHEA. L. — Plus ou moins rare selon les années. Endroits secs et herbus. Glacis. Juillet.

### G. SATYRUS Bdv.
#### (*Rupicoles*. Dup.)

47. SELENE. L. — A. R. Bois et glacis. Endroits secs, arides. Butte-Gayant, bois de Bugnicourt. etc. Juillet.

### G. PARARGA H. S.
#### (*Vicipicoles*. Dup.)

48. MEGÆRA. L. — Abonde partout depuis mai jusqu'en août. Aime à se reposer sur les murs, tronc des arbres, etc.

49. ÆGERIA. L. — C. dans les taillis et allées des bois. Mai, juillet.

### G. EPINEPHILE. H. S.
#### (*Herbicoles*. Dup.)

50. JANIRA. L. — Pullule dans tous les bois herbus et prairies. Juin, juillet.

51. TITHONIUS. L. — C. Sur les routes, bois, endroits secs. Juillet, août.

52 (1). HYPERANTHUS. L. — Abonde dans toutes les prairies et bois humides. Juin, juillet.

---

(1) Il existe, avec le type, une aberration dont les ailes supérieures sont envahies par une large ombre blanche. Ce cas d'albinisme est très-rare. Mêmes localités que *Hyperanthus*, mais cependant paraît plus spéciale aux grands bois secs.

G. COENONYMPHA. H. S.

*(Dumicole.* Dup.)

53. Hero. L. P. R. — Dans nos grands bois, mais localisé. Juin.

54. Pamphilus. L. — T. C. Dans toutes les allées des bois et prairies. Mai, juillet.

### Hesperidæ.

*Enroulés. — Involuti.* Bdv.

G. SPILOTHYRUS. Dup.

55. Malvarum. Ill. *Malvæ.* God. — P. C. Endroits secs, talus, glacis, etc. Juillet.

G. SYRICHTUS. Bdv.

56. Malvæ. L. *Alveolus.* Hb. — T. C. Partout. Bois et prairies. Mai, juin.

V$^{té}$ *Lavateræ* Fab. — R. Avec le type.

57. Sao Hb. T. R. Deux exemplaires capturés dans nos glacis. Mai, juillet.

THANAOS. Bdv.

58. Tages L. A. C. — Côtes de Lewarde à Bugnicourt. Mai, juin.

G. HESPERIA. Fab..

59. Thaumas. Hufn. *Linea.* S V. — C. Dans les bois, prairies, champs, routes, etc. Juin, août.

60. Lineola. Och. — Un peu plus rare que *Thaumas,* mêmes localités et époques.

61. Sylvanus. Esp. — C. Allées et lisières des bois, prairies sylvatiques. Juin, juillet.

# HETEROCERA

*Chalinoptera,* Blanchard.

---

## SPHINGES. L.

### CRÉPUSCULAIRES. Latreille.

---

### Sphingidæ Bdv.

#### G. ACHERONTIA. Och.

62. ATROPOS. L. — R. Çà et là. Intérieur des habitations; endroits voûtés ; tronc des arbres sur les routes, etc. Mai et septembre.

#### G. SPHINX. L.

63. PINASTRI. L. — R. Bois de Flines, Faumont, La Placette, Wagnonville. Juin, juillet. Au réflecteur.

64. LIGUSTRI. L. — C. Dans les bois, jardins, etc. Juin.

65. CONVOLVULI. L. — Dans les squares où il butine au crépuscule sur les fleurs des *Petunias.* Assez abondant parfois. Juin et septembre.

#### G. DEILEPHILA. Och.

66. GALII. S. V. — Un seul exemplaire capturé en 1866 dans un jardin de la ville. (Espèce accidentelle.)

67. EUPHORBIÆ. L. — R. Plusieurs chenilles ont été trouvées en différentes années dans nos environs. Juin.

68. CELERIO. L. — T. R. Ne se rencontre qu'accidentellement et de loin en loin.

69. ELPENOR. L. ) A. C. Le long des fossés, endroits
70. PORCELLUS. L. } humides. Butinent le soir sur les fleurs de l'iris et du chèvrefeuille. Mai, juin.

71. NERII. L. — Espèce accidentelle. N'a encore été capturé dans notre ville que deux fois. L'un des exemplaires était une *femelle* fécondée, dont la ponte a parfaitement réussi jusqu'à métamorphose en chrysalide. Les éclosions ont toutes avortées.

### G. SMERINTHUS. Och.

72. TILIÆ. L. ( A. C. Routes et glacis, au pied des
Vté *Ulmi.* L. { ormes, mai, juin. Cette espèce fournit des aberrations très intéressantes.

73. OCELLATA. L. — P. R. Tronc des saules. Chenille plus commune, à l'extrémité des pousses de cet arbre, juin, juillet.

74. (1). POPULI. L. — C. Routes plantées de peupliers et de bois-blancs, juin.

Ab. *Rufescens.* De Selys. — Rare et avec le type.

### G. MACROGLOSSA. Och.

75. STELLATARUM. Och. — T. C. Partout. Butine le jour sur les fleurs, mai, septembre.

---

(1) M. Deligny, en exposant une *femelle* de S. Populi dans l'intention d'obtenir une reproduction, fut très étonné de trouver sa *femelle* accouplée avec un S. Ocellata. Il n'eut pas la curiosité de conserver la ponte. L'aberration *Hybridus* serait donc de la localité. Le même fait lui est arrivé en captivité entre une *femelle* de S. *Populi*, et un *mâle* de S. *Tiliæ*. Un cas d'hermaphrodisme a été constaté par M. Demont sur un *Populi*. Cet exemplaire doit encore faire partie de la collection de M. Colin, d'Arras, à qui il fut offert.

76. BOMBYLIFORMIS. Och. ⎧ Rares. Allées des bois de
77. FUCIFORMIS. L. ⎫ Flines et Faumont. Buti-
    *Bombyliformis.* God. ⎩ nent le jour sur les fleurs
du chèvrefeuille, juin.

### Sesiidæ. H. S.

#### G. TROCHILIUM. Scopoli.

**78.** APIFORMIS. L. *Crabroniformis.* S. V. — C. Routes,
et allées de peupliers, au pied de cet arbre, juillet.

**79.** BEMBECIFORMIS. Hb. — *Crabroniformis.* Lewin. —
T. R. Un seul exemplaire capturé dans nos glacis par M.
Deligny, juin.

#### G. SCIAPTERON. Stgr.

**80.** TABANIFORMIS. Rott. *Asiliformis.* S. V. — Pas bien*
rare. Routes, tronc des jeunes peupliers, juin.

#### G. SESIA. F.

**81.** SPHECIFORMIS. S. V. — R. Bois frais plantés d'aulnes. Flines, Faumont, Médole.

**82.** TIPULIFORMIS. L. — R. Jardins, vergers, haies de
groseillers, etc., juin.

**83.** MYOPIFORMIS. Bork. *Mutillæformis.* Lasp. — P. C.
Vergers, jardins, haies de framboisiers et de groseillers.
Butine à l'ardeur du soleil sur les fleurs du seringat, juin.

**84.** CULICIFORMIS. L.— T. R. Vergers, au pied des pommiers, juin.

#### G. BEMBECIA, Hb.

**85.** HYLÆIFORMIS. Lasp. — T. R. Un seul exemplaire
capturé dans un jardin par M. Blind, fin juillet.

**Zygænidæ.** B.

### G. INO. Leach.
(*Procris.* Bdv.)

86. STATICES. L. — C. Dans les prairies et bois secs, juin.

### G. ZYGÆNA. Fab.

87. TRIFOLII. Esp. — A. C. Prairies des bois de la Placette et de Médole. Glacis, assez rare, juin, juillet.

Ab. *Orobi.* Hb. — Localisée. Prairies du bois de Médole. Assez rare.

88. FILIPENDULÆ. L. — Pullule dans toutes les prairies en juin, juillet, sur les fleurs des centaurées.

Ab. A. — Le rouge envahissant presque toute la surface des ailes supérieures. (Collection Blind.) T. R.

---

# BOMBYCES

**Nycteolidæ** H. S.

### G. SARROTHRIPA. Curtis.

89. REVAYANA. S. V. — R. Dans les bois frais. Médole, etc. Septembre.

Ab. *Punctana.* Hb. — Avec le type et plus commune.

### G. HALIAS. Tr.
(*Earias.* H. S.)

90. CLORANA. L. — R. Bois humides en battant les saules. Mai, juin.

91. Prasinana. L. — Chenille assez commune sur les buissons de chênes. Bois de Flines, Faumont et Gœulzin. Insecte parfait plus rare, juin, juillet.

92. Quercana. S. V. — Plus rare que Prasinana. Grands bois de chênes et de hêtres. Juin, juillet, à la miellée.

## Lithosidæ. H. S.

### G. NOLA. Leach.

93. Cuculatella. L. *Palliolalis*. Hb. — Commune un peu partout, surtout dans les vergers où on la trouve appliquée contre le tronc des arbres, juin, juillet.

94. Strigulalis. Hb. *Strigula*. S. V. — P. R. Sur le tronc des chênes dans tous les bois, mai, juin.

95. Confusalis. H. S. *Cristulalis*. Dup. — Moins répandue que *Strigulalis*. Bois de Flines, Faumont, sur le tronc des arbres et à la miellée. Juillet, août.

96. Albula. S. V. *Albulalis*. Hb. — R. Quelques exemplaires capturés à la miellée et au réflecteur. Flines. Juin.

97. Centonalis. Hb. — Moins rare que *Albula*. Glacis et bois. Flines, Wagnonville, etc. Juin.

### G. NUDARIA. Stph.

98. Senex. Hb. — Espèce très localisée. Affectionne surtout les endroits humides, tourbeux. Glacis, marais des environs de Wagnonville. Prise abondamment dans des fonds marécageux desséchés du bois de La Placette. Juin, juillet.

99. Mundana. L. — Je ne connais qu'un seul exemplaire

de cette espèce capturé authentiquement à Douai, il y a plus de vingt ans. Juillet.

### G. CALLIGENIA. Dup.

100. Miniata. Forsteri. *Rosea.*— F. Très commune dans tous les bois, en battant les allées couvertes, humides. Juin, juillet.

101. Muscerda. Hufn.—Commune, surtout à la miellée et au réflecteur, dans les bois humides. Flines, du côté des marécages, la Placette, Cuincy, Wagnonville. Juin, août.

102. Complana. L. — A. C. Bois de Flines, Faumont et Gœulzin. Parties sèches des bois. Juin, juillet.

103. Lurideola. Zincker. *Complanula.* Bdv.—Pullule dans tous les bois, en juin, juillet et août.

104. Aureola. Hb. — A. C. Dans tous nos bois secs, surtout dans celui de Gœulzin. Mai, juin.

105. Quadra. L.—R. Bois frais, Wagnonville, Médole où elle était autrefois commune. Faumont, juin, juillet.

106. Rubricollis. L. — Peu répandue et très localisée. Bois herbus et élevés. Gœulzin, juin, juillet.

### Chelonidæ. Bdv.

### G. EMYDIA. Bdv.

107. Grammica. L. — T. R. Bois de Faumont, juillet.

### G. EUCHELIA. Bdv.

108. Jacobææ. L. — C. Dans toutes les prairies et bois humides, juin.

### G. NEMEOPHILA. Stph.

109. Russula. L.—A. C. Bois de Flines dans les prairies marécageuses du côté des bruyères. Juin.

110. Plantaginis L. ( Autrefois commune dans les al-
Ab. *Hospita* S. V.  { lées du bois de Faumont. Très
rare aujourd'hui. L'aberration plus rare que le type. Juin,
juillet.

### G. CHELONIA. Latr.

111. Caja. L. — C. Partout, glacis, bois, vergers, etc.
Chenille sur une infinité de plantes basses. Juin, juillet.

112. Villica. L. — Moins commune et partout. Juin.

### G. SPILOSOMA. Stph.

(*Arctia* Bvd.)

113. Fuliginosa. L.  
114. Mendica. L.  } C. Partout. Bois , routes
115. Lubricipeda. S. V.  } et glacis, etc. Mai, juillet.
116. Menthastri. S. V.

117. Urticæ. Esp. — C. Surtout au réflecteur. Fonds
des glacis, bois marécageux, etc. Juin, juillet.

## Hepialidæ. H. S.

### G. HEPIALUS. Fab.

118. Humuli. L. — R. Glacis, bois et endroits plantés de
houblon. Juin, juillet.

119. Sylvinus. L. — Abondant partout dans les prairies
humides. Mai, juin.

120. Hectus. L. — C. Dans les allées et lisières des
. bois humides. Wagnonville, bords de l'Escrebieux, etc.
Juin.

121. Lupulinus. L. — Pullule en août-septembre dans
nos glacis et prairies.

### Cossidæ. H. S.

#### G. COSSUS. Fab.

122. Ligniperda. Fab. — A. C. Routes, promenades, tronc des ormes. Juillet.

#### G. ZEUZERA. Latr.

123. Æsculi. L. — R. Glacis, jardins, vergers, routes, etc., appliqué contre le tronc des arbres. Juillet.

#### G. PHRAGMATÆCIA. Newmann.
#### (*Macrogaster.* Dup.)

124. Castaneæ. Hb. *Arundinis.* Hb. — A. C. La nuit volant dans les roseaux à la façon des *Hepialus ;* le jour généralement accouplé contre le tronc des arbres bordant les marais. Juin. Se prend plus facilement la nuit au réflecteur. Glacis et marais, où croit abondamment l'*Arundo Phragmites.*

### Cocliopodæ. Bdv.

#### G. LIMACODES. Latr.

125. Testudo. S. V. — C. Bois de Flines, Faumont et Gœulzin, où il vole le jour dans les allées. Juin, juillet.

126. Asellus. God. — P. R. Flines et Faumont. Se prend souvent accouplé en battant les taillis. Juin, juillet.

### Psychidæ. B.

#### G. PSYCHE. Schrk.

127. Hirsutella. Hb. *Fusca.* Hw. *Calvella.* O. — Four-

reau assez commun sur le tronc des chênes et des hêtres. Bois frais. Juin, juillet. Insecte parfait plus rare.

## G. FUMEA. Hb.

128. INTERMEDIELLA. Bdv. *Nitidella*. Hoff. — Fourreau abondant sur le tronc des ormes, bois-blancs, peupliers, saules. Mai. Insecte parfait presque introuvable. Juin

129. SEPIUM. Speyer. *Tabulella*. Brd. — Fourreau sur le tronc des chênes, ormes. peupliers. Plus commun sur le tronc des bois-blancs. Mai. Insecte parfait en juillet.

130. (1) SALICICOLELLA. Brd. — Fourreau assez commun mais très-localisé. Bois de Flines et de Gœulzin, tronc des aulnes, chênes, bouleaux, peupliers et hêtres. Éducation difficile. Insecte parfait en juin et juillet.

131. ROBORICOLELLA. Brd. = BETULINA ? Zeller. — Fourreau assez commun. Tronc des chênes. Bois secs. Flines, Gœulzin, etc. Juin.

## Liparidæ Bdv.

### G. ORGYIA. Och.

132. GONOSTIGMA. S. V. — P. C. Dans les glacis, bois et jardins. Trouvé une seule fois sa chenille en nombre sur des rosiers. Juin et août.

133. ANTIQUA. L. — C. Partout en mai, août et septembre. Chenille sur une infinité d'arbustes et de plantes. Trouvé également sur des *Pelargoniums, Geraniums*, etc.

(1) Cette espèce, très-rare en Europe, n'avait encore été signalée que par Bruand, comme en ayant trouvé quelques fourreaux aux environs de Besançon. Elle est portée comme douteuse dans le grand catalogue allemand de Staudinger. Douai est une des localités très-restreintes où cette espèce se retrouve.

## G. DEMAS. Stph.

134. Coryli. L. — A. C. Dans les bois secs. Tronc des chênes, hêtres, etc. Avril, mai.

## G. LIPARIS. Och.

135 (1). Dispar. L. — Routes, sur le tronc des arbres, autour des haies, etc. Abondant partout. Juillet.

Ab. A. *mâle* plus grand et presque de la teinte de la *femelle*. Un exemplaire.

136. Monacha. L. — P. C. Dans les grands bois de chênes. De juillet à septembre.

Ab. *Eremita*. Och. — T. R. Un exemplaire. Bois de Faumont.

### (G. *Leucoma* Stph.)

137. Salicis. L. — Pullule sur les routes plantées de peupliers et de bois-blancs. Juillet.

### (G. *Porthesia*. Stph.)

138. Chrysorrhoea. L. { T. C. Partout. Vergers, bois,
139. Auriflua. S. V. { jardins, etc. Juillet. Les chenilles de ces deux espèces causent les plus grands dommages aux arbres fruitiers.

## G. LARIA Hb.

140. V. Nigrum. Esp. — A. R. Dans les bois de chênes et de bouleaux. Faumont, Flines, bois de Wagnonville, au réflecteur. Juillet.

---

(1) Un cas d'hermaphrodisme a été constaté sur un *Dispar*. L'exemplaire tenait des deux sexes, tant pour les antennes que pour les ailes. Faisait autrefois partie de la collection de M. Campion. (M. Deligny.)

### G. DASYCHIRA. Stph.

141. PUDIBUNDA. L. — C. Routes, bois et glacis, sur le tronc des ormes. Mai, juin.

### G. CNETHOCAMPA. Stph.

142. PROCESSIONEA. L. — Rare à l'état parfait. Chenille appliquée contre le tronc des chênes, sur lesquels elle vit en famille'; elle cause les plus grands dégâts à cet arbre. Bois de Faumont, commun. Flines, rare. Août.

### Bombycidæ. Bdv

### G. BOMBYX. Bdv.

143. CRATÆGI. L. — P. C Chenille sur les haies d'aubépine. Août, septembre.

Vté *Ariæ*. Hb. — Avec le type et plus rare.

144. POPULI. L. — A. R. Routes, au pied des peupliers. Novembre.

145. NEUSTRIA. L. — T. C. Partout. Juin, juillet. Sa chenille, avec celles des *P. auriflua* et *chrysorrhœa*, cause les plus grands dommages à nos haies, bois, vergers, etc.

146. QUERCUS L. — Partout. Le mâle vole au coucher du soleil avec ardeur à la recherche de sa femelle. Chenille sur tous les arbustes. Juin, juillet.

Vté A. — *Femelle* presque de la teinte du *mâle*. Très-rare.

147. RUBI. L. — A. C. Dans les bois et prairies. Mai, juin. Chenille très-commune sur les luzernes, mais délicate à élever, et très-souvent ichneumonée. Mai, juin.

### G. CRATERONYX. Dup.

148. DUMETI. L. — T. R. Forêt de Marchiennes,— bois de Faumont ? Octobre.

### G. LASIOCAMPA. Latr.

149. POTATORIA. L. —A. C. Voisinage des marais, fossés sous bois, etc· Chenille sur les *Carex*. Juillet.

150. PRUNI. L. — T. R. Environs de Faumont, Moucheaux, dans les pépinières. Juillet.

151. QUERCIFOLIA. L. — P. C. Un peu partout, jardins, vergers, buissons de prunelliers, etc. Juillet.

152. POPULIFOLIA. S. V.— T. R. Sur les routes plantées de peupliers. Juin.

## Endromidæ. Bdv.

### G. ENDROMIS. Och.

153. VERSICOLORA. L. — R. Forêt de Marchiennes. Bois de Faumont? Chenille sur les bouleaux nains. Mars. Le *mâle* vole avec ardeur dans les allées des bois, *femelle* au pied des arbres.

## Saturnidæ Bdv.

### G. SATURNIA. Schrk.

154. PAVONIA. L. *Carpini*. S. V.—Chenille assez abondante dans les glacis, sur les buissons d'ormes et de prunelliers. Insecte parfait assez rare. Mai.

### G. AGLIA. Och.

155. TAU. L. — R. Mêmes localités que *Versicolora*, et mêmes mœurs. Mars, avril.

## Drepanulidæ Bdv.

### G. PLATYPTERYX. Lasp.

156. FALCATARIA. L. *Falcula*. Esp. — C. Dans tous les bois et jusque dans nos glacis. Juin, août.

157. LACERTINARIA. L. *Lacertula*. S. V. — R. En battant les allées des bois. Faumont, Flines. etc. Mai, juillet.

158. BINIARIA. Hufn. *Hamula*. S. V. — R. Bois de Faumont et de Gœulzin. Juin. Les espèces de ce genre, affectionnent surtout les allées et endroits couverts des bois, d'où on les fait partir en battant les taillis.

### G. CILIX. Leach.

159. SPINULA. S. V. — Peu répandu. Vergers, bois de Faumont. Juillet.

## Notodontidæ. Bdv.

### G. HARPYIA. O.

160. FURCULA. L. — R. Routes et glacis, sur le tronc des saules. Mai et juillet.

161. BIFIDA. Hb. — P. C. Routes plantées de peupliers. Avril et juin.

162. VINULA. L. — C. Tronc des peupliers et des bois-blancs. Juin, juillet.

163. ERMINEA. Esp. — T. R. Bois de Faumont et de Médole. Chenille sur les saules et les peupliers. Juin.

### G. STAUROPUS. Germar.

164. FAGI. L. — R. Bois de hêtres. Faumont, Médole, Gœulzin, etc. Juin.

### G. HYBOCAMPA. Led.

**165.** MILHAUSERI. Esp. *Terrifica*. Hb. — T. R. Un exemplaire capturé dans le bois de Médole par M. Deligny. Faumont ? Gœulzin ? Juin.

### G. NOTODONTA. O.

**166.** DICTÆA. L. — C. Routes sur le tronc des bois-blancs et des peupliers. Mai et juillet.

**167.** ZICZAC. L. — A. C. Mêmes mœurs, et tronc des saules. Mai, août.

**168.** TRITOPHUS. S. V. — R. Çà et là. Routes plantées de peupliers. Juin.

**169.** TREMULA. S. V. *Trepida*. Esp. — A. R. Bois de Flines, de Faumont, Gœulzin. Chenille sur les taillis de chênes. Mai.

**170.** DROMEDARIUS. L. — Mêmes localités que *Tremula*, et allées de peupliers. Avril, mai.

**171.** CHAONIA. S. V. ⎱ R. Dans les bois en battant les
**172.** DODONEA. S. V. ⎰ jeunes chênes d'où on les fait tomber. Flines, Faumont, etc. Mai.

### G. LOPHOPTERYX. Stph.

**173.** CAMELINA. L. — A. C. Partout. Bois et jusque dans nos glacis. Chenille sur une infinité d'arbustes. Ab. *Giraffina*. Hb. — Mai, juin. Rare, et avec le type.

### G. PTEROSTOMA. Germar.

*Ptilodontis*. Dup.

**174.** PALPINA. L.—A. C. Partout. Bois et glacis, commun surtout au réflecteur. Juin, juillet.

### G. GLUPHISIA. Bdv.

175. CRENATA. Esp. — R. Routes et glacis , sur le tronc des peupliers. Juin.

### G. DILOBA. Bdv.

176. CÆRULEOCEPHALA. L. — Plus ou moins commun selon les années. Chenille assez commune sur les haies d'aubépines et de prunelliers. Octobre.

### G. PYGÆRA. O.

177. BUCEPHALA. L. — Chenille très abondante sur les saules, aulnes, ormes, etc., cause souvent la mort des arbres en les dépouillant complètement de leurs feuilles. Insecte parfait, moins commun. Juillet, août.

### G. CLOSTERA. Stph.

178. ANASTOMOSIS. L. — R. Bois de bouleaux. Faumont, Médole, etc. Juin.

179. CURTULA. L.  ( A. C. Sur le tronc des arbres.
180. ANACHORETA. S. V. ) appliqués contre les barrières palissades, etc. Mai, juin et août.

181. RECLUSA. God. — R. Bois de Faumont, Médole, etc. Routes et allées plantées de peupliers. Mai, juin et août.

### Cymatophoridæ. H. S.

### G. GONOPHORA. Brd.

182. DERASA. L. — P. C. Dans nos bois frais et glacis. Chenille sur la ronce. A la miellée et au réflecteur. Juin, juillet.

### G. THYATIRA. Och.

183. Batis. L. — A. C. Mêmes localités, et mêmes mœurs que *Derasa*. Juin, juillet et septembre.

### G. CYMATOPHORA. Tr.

184. Ocularis. L. *Octogena*. Esp. — Dans tous nos bois, mais assez rare. A la miellée et au réflecteur, juin, juillet.

185. Or. S. V. — Plus ou moins commune selon les années. Dans tous nos bois. A la miellée, juin, juillet.

186. Duplaris. L. *Bipuncta*. Bkh. — A. R. Bois de Flines et de Faumont, dans les parties plantées de bouleaux. A la miellée, juin, juillet.

187. Flavicornis. L. — A. R. Bois de Flines, Gœulzin, etc. En battant les taillis et arbres qui ont conservé leurs feuilles, mars, avril.

188. Ridens. F. — Bois de chênes. Espèce peu commune, avril, mai.

189. Fluctuosa. Hb. — T. R. Un exemplaire trouvé route de Flines sur un peuplier, juillet.

---

## NOCTUÆ. Linné.

### Bryophilidæ. Gn.

### G. BRYOPHILA. Tr.

190. Ravula. Hb. *Lupula*. Dup. — P. R. Sur les vieux murs, dans les greniers des habitations. Chenille vivant des mousses croissant sur les vieilles toitures, maçonneries, etc., juin, juillet.

191. Perla. S. V. — T. C. Sur tous les vieux murs juin, juillet.

192. Glandifera. S. V. — Commune. Mêmes mœurs,
juin, juillet.

V^té *Par*. Hb. Avec le type et plus commune. Toutes les chenilles des espèces de ce genre se nourrissent exclusivement des mousses poussant dans les interstices des vieilles maçonneries, toitures, arbres, etc.

### Bombycoidæ. Bdv.

#### G. DIPHTHERA. Och.

193. Orion. Esp. — P. C. Dans les bois secs, sur le tronc des hêtres, juin, juillet, à la miellée.

#### G. ACRONYCTA. Och.

194. Psi. L.                   { T. C. Partout. Dans les bois,
195. Tridens. S. V. { vergers, jardins, sur le tronc des arbres, mai, juin et août.

196. Cuspis. Hb. — R. Chenille sur les buissons d'aulne bordant les prairies. Médole, juin.

197. Leporina. L. — P. R. Endroits frais. Le long des cours d'eau plantés de peupliers; sur le tronc de ces arbres, juin et août.

V^té *Bradyporina*. Tr. Avec le type et plus rare.

198. Aceris. L.             { A. C. Routes et promena-
199. Megacephala. S. V. | des, tronc des ormes, marronniers, etc. Mai, juin et août.

200. Ligustri. S. V. — A. R. Dans les bois de frênes Wagnonville et Cuincy. Mai.

201. Rumicis. L. — T. C. Partout. Chenille sur les *Rumex*, etc. Avril, août.

202. Auricoma. S. V. — P. R. Bois de Faumont, Flines, Gœulzin, etc. Tronc des chênes. Juillet, août. A la miellée et au réflecteur.

### Leucanidæ. Gn.

#### G. LEUCANIA. Och.

203. Conigera. S. V. — Localisée. Prairies et glacis. Le soir assez abondante sur les fleurs des centaurées et des chardons. Juin, juillet.

204. Turca. L. — Très-localisée. Bois de Flines, dans les marécages, et généralement marais boisés. Juin. A. C.

205. Lythargyria. Esp. Partout. Bois et prairies. Commune le soir dans les champs de fèves en fleurs. Mai, juin.

206. Albipuncta. S. V. — P. C. Sur les talus de nos glacis et prairies avoisinant les bois. Août.

207. Obsoleta. Hb.  } A. C. Le soir, dans les prai-
208. Pudorina. S. V. } ries tourbeuses, glacis, bois de la Placette, marais de Wagnonville, etc.

Ab. *Femelle Pallida*. Stgr. — A la miellée et au réflecteur. Juin. Avec le type et beaucoup plus rare.

209. Comma. L. — A. R. Très-localisée. Plaines des environs du bois de la Placette, voisinage des mares. Juin.

210. L. Album. L. — R. Glacis et voisinage des bois marécageux. Juillet.

211. Straminea. Tr. — Bois et marais de Wagnonville, glacis, dans les joncs. Espèce assez rare. Juin.

212. Impura. Hb. — Pullule dans toutes les prairies humides, bords des marais, glacis, etc. Juin, juillet.

213. Pallens.— Aussi commune que *Impura* et mêmes localités. Juin et septembre.

Ab. *Ectypa*. Hb. — Avec le type, et plus rare.

#### G. SENTA Stph.

214 (1). Maritima. Tauscher. *Ulvæ*. Hb. — R. Dans nos glacis et marais. De juin en août. Au réflecteur.

V^{té} *Bipunctata*. Hw. — Très-rare, avec le type.

#### G. NONAGRIA. Och.

##### *Tapinostola*, Led.

215. Rufa. Haworth. *Despecta*. Tr.— Commune, mais très-localisée. Vole au crépuscule dans les joncs des glacis. Marais des environs du bois de Wagnonville plus rare. Juillet, août.

216. Fulva. Hb. — Mêmes localités que *Despecta ;* mais vole plus spécialement dans les grands roseaux, presque au ras de terre. Beaucoup plus rare. Juillet, août.

##### *Nonagria*. Och.

217. Geminipuncta. Hatchet. *Paludicola* Hb. — Chenille commune dans les tiges de l'*Arundo Phragmites*. Insecte parfait plus rare. Vole le soir dans les marais au ras de terre entre les roseaux. Août.

Ab. *Guttans*. Hb. — Avec le type et plus rare, surtout les exemplaires bien caractérisés.

---

(1) Cette espèce n'est signalée que des bords du Rhin, dan la *Faune française* de Berce.

218. Algæ. Esp. *Cannæ.* Och. — R. Marais de l'Escarpelle, Arleux. Marécages du bois de La Placette, Roost-Warendin. Juillet, août.

219. Sparganii. Esp. — Mêmes localités et époques.

220. Typhæ. Esp. — Chenille pas rare dans les tiges du *Typha Latifolia.* Fossés des glacis, marais de l'Escarpelle, etc. Août, septembre. Trouvé une seule fois l'insecte parfait contre une glace d'étalage d'un magasin du centre de la ville

Ab. *Nervosa.* Esp. *Fraterna.* Frey. — Avec le type, mais beaucoup plus rare.

### Apamidæ. Gn.

#### G. GORTYNA. Och.

221. Flavago. S. V. — Chenille dans l'intérieur des tiges du sureau. Partout et rare. Août.

#### G. HYDROECIA. Gn.

222. Nictitans. L. { R. Bois de Flines, et proba-
Ab. *Erythrostigma.* Hw. } blement bois de Faumont et de Médole. Juillet, août.

223. Micacea. Esp. — R. Marais et glacis marécageux. Au réflecteur. Juillet, août.

#### G. AXYLIA. Hb.

224. Putris. L. — A. C. Partout, bois et glacis. Chenille dans les racines des graminées. Juin, juillet.

#### G. XYLOPHASIA. Stph.

225. Rurea. F. — Bois et glacis. Espèce peu commune. Juin.

Ab. *Alopecurus*. Esp. *Combusta*. Tr. — Plus rare que le type. Flines.

226. Lithoxylea. S. V. ⎰ C. Partout, sur le tronc des
     *Sublutris*. Esp. ⎱ arbres, sur les barrières, dans
227. Polyodon. L. ( les défenses des jeunes arbres, etc. Juin, juillet.

228. Hepatica. L. ⎰ R. Bois de Flines, Faumont,
229. Scolopacina. Esp. ⎱ Médole, à la miellée et en battant les lisières des bois. Juin, juillet.

### G. ASTEROSCOPUS. Bdv.

230. Sphinx. Hufn. *Cassinia*. S. V. — Espèce peu répandue. Promenades, routes, bois. Novembre. Trouvé sa chenille sur le marronnier.

### G. NEURIA. Gn.

231. Saponariæ. Bkh. — R. Dans les prairies humides. Août.

### G. PACHETRA. Gn.

232. Leucophæa. S. V. — Plus ou moins commun selon les localités. Routes, bois, etc. Capturé plusieurs exemplaires dans un jardin de la ville. Juin.

### G. LUPERINA. Bdv.

233. Testacea. S. V. — C. Dans nos glacis. Le jour dans les touffes d'herbe au pied des arbres. Routes, etc. Août.

234. Virens. L. — T. R. Un exemplaire capturé dans un champ, par M. Demont.

### G. MAMESTRA. Och.

235. Anceps. Hb.
*Infesta.* Bdv.
*Aliena.* Dup.
} A. C. Partout. Routes, sur le tronc des ormes, etc. Mai, juin.

Ab. *Renardi.* Bdv. Plus rare que le type, et certaines années plus commune.

236. Brassicæ. L. — C. Partout. Mai, juin. Sa chenille cause de grands dégâts dans les jardins potagers.

237. Persicariæ. L. — A. C. Dans les bois frais, prairies, etc. Juin, juillet.

### G. APAMEA. Och.

238. Basilinea. S. V. — A. C. Partout. Routes, tronc des arbres, dans les granges et en battant les meules. Mai, juin.

239. Unanimis. Tr. — A. R. Bois humides. Wagnouville, au réflecteur, fin mai, juin.

240. Gemina. Hb. *Anceps.* Dup. — R. Bois de Flines et de Faumont, etc. Juin.

241. Fibrosa. Hb
Ab. *Leucostigma.* Hb.
} T. R. Parties marécageuses du bois de Flines. Un exemplaire de l'aberration *Leucostigma*, à la miellée. Juin.

242. Oculea. L. *Didyma.* Bork. — T. C. Partout. Dans les bois, jardins, routes, en battant les défenses des jeunes arbres, etc. Juin, juillet.

Ab. *Secalina.* Hb.
Ab. *Nictictans.* Esp.
} Avec le type.

243. Strigilis. L.
Ab. *Latruncula.* S. V.
Ab. *Æthiops.* Hw.
} T. C. Partout, en juin, juillet dans les bois, glacis, routes, etc., sur le tronc des

arbres Les aberrations sont plus communes dans nos bois que le type.

Ab. *Fasciuncula*. Hw. *Rubcuncula*. Donzel. — P. C. Fonds des glacis. Endroits humides. Juin.

244. Furuncula. S. V. ⟨ Pullulent le soir dans toutes
Ab. *Terminalis*. Haw. ⟩ les prairies. Très communes en battant les jeunes ormes, dont on les fait tomber. Juillet, août.

245. Arcuosa. Haw. *Duponchelii*. Bdv.—T. R. Marais et bois marécageux. Wagnonville. Juin, juillet au réflecteur.

### Caradrinidæ Bdv.

#### G. GRAMMESIA. Stph.

246. Trigrammica. Hufn. *Trilinea*. S. V. — A. C. Partout. Bois et glacis, juin. chenille sur les plantains. Juin.

Ab. *Bilinea*. Hb. — R. Un exemplaire au bois de Faumont.

#### G. CARADRINA. Och.

247. Morpheus. Hufn. *Sepii*. Hb. — A. C. Le soir sur les fleurs des chardons. Glacis, juin, juillet.

248. Alsines. Brahm. — C. Bois et glacis, juin, juillet. Dans les défenses des jeunes arbres, etc.

249. Superstes. Tr. *Blanda*. Hb. — A. C. Bois de Flines, à la miellée, juin, juillet.

250. Cubicularis. S V. — C. Partout. Intérieur des habitations, toits de chaume, etc., juin et septembre.

### Noctuidæ.

#### G. RUSINA. Stph.

251. Tenebrosa. Hb. — Plus ou moins abondante selon

les années. Dans tous les bois. Chenille sur les *Viola*, juin,
juillet.

### G. AGROTIS. Och.

252. Suffusa. S. V. *Ypsilon*. Hufn. — Dans tous les
bois et prairies humides, glacis, août, octobre.

253. Saucia. Hb. — R. Çà et là, glacis et prairies,
août.

254. Clavis. Hufn. *Segetum*. S. V. — Abonde partout.
Dans les bois, prairies, etc., mai, juin et septembre.

255. Corticea. S. V. — A. R. Parties arides du bois de
Flines, juin, juillet.

256. Exclamationis. Lin. — T. C. Partout, juin, août.

257. Nigricans. L. *Fumosa*. L. *Fuliginea*. Dup.

Ab. *Rubricans*. Esp. — A. R. Bois et glacis, juin.
L'aberration plus commune que le type.

258. Porphyrea. S. V.— P. R. Bois de Flines, dans les
bruyères, juin, juillet.

259. Ravida. S. V. — R. Je ne l'ai encore rencontré
que dans le bois de Wagnonville, au réflecteur, juillet,
août.

### G. TRIPHÆNA. Och.

260. Janthina. S. V. { A. R. Bois frais. Faumont,
261. Fimbria. L. { Flines, la Placette, etc. Che-
Ab. *Solani*. Fab. { nille sur les *Arum*. Juin ›
juillet.

262. Interjecta. Hb.—Dans les bois, jardins, etc. Plus
ou moins rare selon les années. Juillet. Abondait l'année
dernière autour d'une tonnelle de houblon dans un jardin de la ville.

263. Comes. Hb.
Orbona. Fab.
264. Pronuba. L.
Ab. Innuba. Tr.

T. C. Partout. En battant les palissades, les défenses des jeunes arbres, derrière les volets des habitations , etc. Juin , juillet.

## G. NOCTUA.

265. Augur. Fab. — R. Glacis, bois de Faumont, de Wagnonville. Juin, juillet.

266. Plecta. L. — A. C. Dans les bois, prairies, dans les touffes d'herbe, défenses des jeunes arbres, etc. Juin, août.

267. C. Nigrum. L.
268. Xanthographa. S. V.

Pullulent dans toutes les prairies sur les fleurs des centaurées. Août, septembre.

269. Triangulum. Hufn. — Plus ou moins abondant selon les années. Dans tous les bois. Juin, juillet.

270. Brunnea. S. V.
271. Festiva. L.

A. C. A la miellée dans les bois de Gœulzin, Faumont et de Flines. Juin, juillet.

Ab. Subruja. Hw. — Plus commune que le type.

Ab. Congener. Hb.—Rare. Mêmes localités.

272. Rubi. Wiew. Bella. Bkh. — A. C. Bois frais. Glacis, sur les fleurs des centaurées, au réflecteur. Mai, août et septembre.

273. Umbrosa. Hb. — R. Quelques exemplaires à la miellée. Flines. Août.

274. Baja. S. — P. C. Même localité à la miellée. Août.

## Orthosidæ. Gn.

### G. TRACHEA. Hb.

275. Piniperda. Panzer. —A. R. Bois de Flines, Faumont, la Placette. Chenille sur le pin sylvestre. Avril.

### G. TÆNIOCAMPA. Gn.

276. Gothica. L. — A. C. Dans tous nos bois en mars. Butine le jour sur les fleurs du saule-marceau.

277. Rubricosa. S. V. — P. C. Bois secs, sablonneux. Gœulzin, Flines, etc. Mars, avril.

278. Incerta. Hufn. *Instabilis*. S. V. — C. Partout. Dans les bois, jardins, glacis. Tronc des arbres, routes, etc. Mars, avril.

Ab. *Collinita*. Esp.
Ab. *Nebulosus*. Haw. } Avec le type et plus rares.

279. Populeti. Fab. — R. Routes, glacis et allées plantées de peupliers et de bois-blancs. Mars, avril.

280. Stabilis. S. V. { T. C. Dans les bois, arbres des
Ab *Junctus*. Haw. } routes, jardins, etc. Février, avril.

281. Gracilis. S. V. { R. Dans les bois de chênes, Fli-
282. Miniosa. S. V. } nes, Faumont, Médole, etc. Mars.

283. Munda. Gn. — A. C. Tous nos bois à la miellée. Sur les fleurs du saule-marceau, etc. Mars, avril.

284. Cruda. S. V. *Ambigua*. Hb. — C. Partout. Bois, routes, promenades, etc. Chenille sur orme, chêne, etc. Février, mars.

## G. ORTHOSIA. Tr.

285. YPSILON. S. V. — C. Routes plantées de peupliers, contre le tronc de ces arbres. Juin, juillet.

286. LOTA. L. — T. C. A la miellée. Bois humides, Wagnonville, La Placette, etc. Octobre, novembre.

## G. ANCHOCELIS. Gn.

287. RUFINA. L. — Dans les bois de chênes, assez commune en battant les baliveaux. Octobre.

288. PISTACINA. V. S.
Ab. *Lychnitis*. Fab.
Ab. *Canaria*. Esp.
Ab. *Rubetra*. Esp.
Ab. *Serina*. Esp.

> Communes partout, dans les bois, glacis, sur les routes, etc. A la miellée. Septembre-novembre.

## G. CERASTIS Sch.

289. VACCINII. L.
Ab. *Polita*. S. V.
Ab. *Mixta*. Stgr.

> T. C. Dans tous les bois. Pullulent à la miellée Aberration *Polita* un peu plus rare, surtout les individus bien caractérisés

Octobre, novembre. Hiverne, et reparaît en mars.

290. SPADICEA. Gn — A. C. Bois de Wagnonville et de La Placette. Notre type est noir-violacé au lieu de brunâtre qu'il devrait être. Octobre, novembre.

Ab. *Ligula*, Esp. *Dolosa*. Dup. — avec le type et pas plus rare.

291. ERYTHROCEPHALA. S. V.
Ab. *Glabra*. S. V.
292. SILENE. S. V.

> P. C. Dans nos bois, à la miellée, en octobre et novembre.

## G. SCOPELOSOMA. Curt.

293. Satellitia. L. — C. Partout, bois; routes, au pied des ormes, etc. Pullule certaines années à la miellée. Septembre à novembre. Hiverne et reparaît en mars.

## G. DASYCAMPA. Gn.

294. Rubiginea. S. V. — R. Bois, glacis et vergers. Octobre. A la miellée.

## G. HOPORINA. Bdv.

295. Croceago. S. V.—R. Bois de chênes, Faumont, etc. Septembre. Reparaît en mars et plus facile à se le procurer à cette époque, en battant les jeunes chênes et les hêtres, qui ont conservé leurs feuilles.

## G. XANTHIA. Och.

296. Citrago. L. — Bois de Cuincy, dans la grande avenue des tilleuls. Septembre.

297. Fulvago. L. *Cerago*. S. V. — R. Bois de Faumont et de Flines. Plus facile à se procurer en ramassant les chatons du saule-marceau, dans lesquels vit sa chenille. Septembre, octobre.

298. Togata. Esp. *Silago*. Hb. — A. C. Partout où croît le saule-marceau. Bois et glacis. Septembre, octobre.

299. Gilvago. Esp. — C. Partout. Routes, promenades, etc. Tronc des ormes. Septembre, octobre.

300. Ocellaris. Bkh. — A. R. Glacis, bois humides plantés de peupliers. Wagnonville et Cuincy. Septembre, octobre.

301. Circellaris. Hufn. *Ferruginea*. S. V. — Pullule,

surtout à la miellée, dans tous les bois humides, glacis, etc. Septembre, novembre. Chenille sur le peuplier et
le saule-marceau.

### G. CIRRŒDIA. Gn.

302. Xerampelina. Hb. — R. Bois et routes plantés
de frênes. Cuincy, Wagnonville, etc. Août, septembre.

### Cosmidæ. Gn.

### G. TETHEA. Och.

303. Subtusa. S. V. ( A. C. Dans les bois humides et
304. Retusa. L. ) glacis. Chenille sur les saules et
les peupliers. Juin, juillet.

### G. EUPERIA. Gn.

305. Paleacea. Esp. *Fulvago* S. V. — T. R. Bois de
Faumont. Août. Au réflecteur.

### G. COSMIA.

306. Trapezina. L. — C. Dans nos bois En battant les
taillis. Chenille polyphage. Juin.

307. Pyralina. S. V. — A. R. Jardins, vergers, aime à
voler sur les fruits du mûrier. Juillet.

308. Diffinis. L. ( Communes certaines années. Bois
309. Affinis. ) et glacis, routes et allées plantées
d'ormes. Juillet.

### G. DICYCLA. Gn.

310. Oo. L. — R. Bois de chênes. Faumont ; sur le
tronc de cet arbre. Juillet.

## **Hadenidæ** Gn.

### G. ILARUS. Bdv.

311. OCHROLEUCA. S. V. — T. R. Talus, voisinage des champs de blé. Deux exemplaires capturés par M. Blind. Bugnicourt. Juillet.

### G. DIANTHOECIA. Bdv.

312. CAPSINCOLA. S. V. — A. C. Dans tous nos glacis en juin. Chenille plus répandue que l'insecte parfait. Vit dans les capsules du *Lychnis dioïca*.

313. ALBIMACULA Bork. — T. R. Obtenu de deux chenilles trouvées au jardin botanique sur des *Silene*. M. Demont. Juin.

314. COMPTA. S. V. — P. C. Le soir dans nos glacis, sur les fleurs du *Lychnis flos-cuculi*. Mai, juin.

### G. HECATERA. Gn.

315. DYSODEA. Dup. ⎰ Partout. Dans les jardins, glacis,
316. SERENA. S. V. ⎱ vergers, etc. Juin, juillet et septembre.

### G. POLIA. Och.

317. FLAVOCINCTA. S. V. *Flavicincta* Dup. — P. C., et un peu partout, arbres des routes, bois, glacis, etc. A la miellée. Octobre.

### G. MISELIA. Stph

318. OXYACANTHÆ. L. — A. C. Bois de Wagnonville, etc., septembre à novembre, à la miellée, chenille sur les haies d'aubépines et de prunelliers.

## G. AGRIOPIS. Bdv.

319. Aprilina. L. — P. R. Bois de chênes. Flines, Faumont, etc. Chenille plus commune dans les rides des troncs de chênes, octobre.

## G. PHLOGOPHORA. Och.

320. Meticulosa. L. — T. C. Partout, dans les bois, jardins, promenades, etc., de mai à octobre.

## G. EUPLEXIA. Stph.

321. Lucipara. L. — P. R Tous nos bois, à la miellée, juin, juillet.

## G. APLECTA. Gn.

322. Herbida. S. V. — Bois de Faumont, Flines, Gœulzin, etc. Tronc des chênes et en battant les allées couvertes, juin. P. C.

323. Nebulosa. Hufn. *Plebeja*. Hub. — C. Partout. Bois. routes, etc. Chenille sur une infinité de plantes basses. Juillet.

324. Tincta. Brahm. — R. Bois de Flines et de Faumont. Juin, juillet.

325, Advena. S. V. — Moins rare que *Tincta*. Mêmes localités et époques. A la miellée.

326. (1) Occulta. L. — T. R. Un exemplaire dans le bois de Faumont. Juillet.

## G. HADENA Och.

327. Protea. S. V. — P. C. Dans les bois de chênes, Gœulzin, Flines, etc. Septembre.

(1) Cette espèce est nouvelle pour la faune française.

328. Dentina. Dup. — C. Partout, bois et glacis. sur le tronc des arbres. Juin.

329. Chenopodii. S. V. — Répandue partout. Bois, jardins, glacis, etc. Mai, août.

330. Atriplicis. L. — A. C. Bois frais, glacis, au pied des arbres, le long des murs, vergers, etc. Juin.

331. Suasa. S. V. | Bois de Flines et de Faumont
332. Contigua. Dup. | août. Peu communes. A la miellée. Chenilles sur les plantes basses (Rumex, etc.).

333. Oleracea. L. — C. Jardins potagers , glacis , bois, etc. Juin et octobre.

334. Pisi. L. — Plus rare que *Oleracea*. Mêmes localités. Juin.

335. Thalassina. Hufn. — A. C. A la miellée. Bois de Flines, Faumont, Médole, etc. Juin, juillet.

336. Genistæ. Bkh. *W. Latinum*. Hufn. — Bois de Flines, Faumont, La Placette, etc. Chenille sur les genêts. A. C. Juin. Glacis, rare.

### Xylinidæ. Gn.

#### G. XYLOCAMPA. Gn.

337. Lithorhiza. Bkh. — R. Bois, jardins. routes, au pied des arbres, etc. Chenille sur le chèvrefeuille. Avril, mai.

#### G. CALOCAMPA. Stph.

338. Vetusta. Hb. — P. C. Marécages et bois humides. Wagnonville, La Placette, glacis, etc. Octobre, novembre. Reparaît en mars. A la miellée.

339. Exoleta. L. — Plus commune que *Vetusta*. Mêmes localités et époques. A la miellée.

## G. XYLINA. Och.

340. Ornithopus. Hufn. *Rhizolitha*. S. V. — A. C. Dans tous les bois, tronc des chênes , et en battant les taillis. Octobre.

341. Semibrunnea. Haw. *Oculata*. Germ. — Pas bien rare. Bois et routes plantés de frênes. Wagnonville, Cuincy, glacis, la Placette, etc. Septembre, octobre. (Je n'ai jamais rencontré la Socia, *Petrificata*,que l'on signale comme plus commune.)

## G. CUCULLIA. Och.

342. Verbasci. L. — Autrefois commun. Rare aujourd'hui, jardins, etc. Chenille sur le bouillon-blanc. (*Verbascum Thapsus.*)

343. Umbratica. L. ∤ A C. Partout. Bois, glacis, etc.,
344. Lactucæ. S. V. ∤ au pied des arbres, contre les palissades peintes en gris.. Le soir, sur les fleurs des *Lychnis*, chèvrefeuilles, etc. Juin.

345. Camomillæ. Schiff. ∤ R. Dans les jardins,
  Ab. *Chrysanthemi.* Hb. ∤ parcs,etc.Mêmes mœurs que les précédents. Juin.

### Heliothidæ. Bdv.

## G. HELIOTHIS. Och.

346. Umbra. Hufn. *Marginata*. Fab. — A. R. Bois et glacis. Le soir sur les fleurs des chardons. Juin.

347. Armigera. Hb. A. C. Vole au coucher du soleil dans les sentiers, champs de luzerne, etc. Août, septembre.

348. Dipsacea. L. — R. Bois de Faumont, etc. Dans les

allées, champs de luzerne, sur les fleurs des chardons. Juin, juillet.

### G. AÑARTA. Tr.

349. MYRTILLI. L. — A. C. Bois de Flines. Vole dans les bruyères à l'ardeur du soleil. Juin, août.

### G. HELIODES. Gn.

350. TENEBRATA. Scop. *Arbuti.* Fab. *Heliaca.* S. V. — T. C. Dans toutes les prairies, sur les fleurs de *Chrysanthemum leucanthemum.* Mai, juin.

### Acontidæ. Bdv.

### G. AGROPHILA. Bdv.

351. SULPHURALIS. L. *Sulphurea.* S. V. — P. C. Environs des bois de Gœulzin, de la Placette, sentier de Wagnonville, dans les prairies, etc. Juin. août.

### G. ACONTIA. Tr.

352. LUCTUOSA. S. V. Abonde dans toutes les prairies, endroits secs, talus, etc. Mai, août.

### Erastridæ. Gn.

### G. ERASTRIA. Tr.

353. PYGARGA. Hufn. *Fuscula.* S. V. — Pullule dans tous les bois de chênes, tronc des chênes, hêtres, etc., et à la miellée. Juin, juillet.

### G. BANKIA. Gn.

354. BANKIANA. Fab. *Argentula.* Hb. — T. C. mais localisé. Fonds des glacis. Marais et prairies marécageuses des environs de Wagnonville, etc. Juin, août.

### Anthophilidæ. Dup.

#### G. HYDRELIA, Gn.

355. Uncana. L. *Unca*. S. V. — Localisé. Pullule où il est, fonds des glacis dans les joncs et prairies marécageuses les avoisinant. Juin-août.

### Phalænoidæ. Gn.

#### G. BREPHOS. Och.

356. Parthenias. L. ⎰ A. C. Dans tous nos bois. Buti-
357. Notha. Hb.   ⎱ nent le jour sur les fleurs du saule-marceau. Mars, avril.

### Plusidæ. Bdv.

#### G. ABROSTOLA. Och.

358. Urticæ. Hb.—C. Partout, bois, jardins, glacis, etc. Juin, août.

359. Triplasia. L.— T. C. Endroits plantés de houblon. Mai, août.

#### G. PLUSIA. Tr.

360. Chrysitis. L. — Dans toutes les prairies et bois humides, commune de mai en août.

361. Festucæ. L. — Pas rare, marécages et prairies humides. Aime à butiner sur les fleurs des centaurées. Juin, août et septembre.

362. Iota. L.—Glacis où elle est très localisée, jardins. Juin et août.

363. Gamma. L. — Pullule dans les bois et prairies pendant presque toute l'année.

### Gonopteridæ. Gn.

#### G. GONOPTERA. Latr.

364. (1) Libatrix. L. — C. Partout. Endroits voûtés, sombres, humides. Bois, glacis, etc. Chenille à l'extrémité des pousses de saule, bois-blancs et saule-marceau, De mai à novembre.

### Amphipyridæ. Gn.

#### G. AMPHIPYRA. Tr.

365. Pyramidea. L. ⎰ C. Dans les interstices des barrières
366. Tragoponis L. ⎱ des bois, derrière les volets des habitations, en battant les défenses des jeunes arbres, etc. Juillet.

#### G. MANIA. Tr.

367. Maura. L. — R. Çà et là. Bois de Flines, de Wagnonville, etc. Sous les voûtes, les vieux ponts. Endroits sombres et humides. Juin, juillet, à la miellée.

368. Typica. L. — A. C. Marécages, fonds des glacis, sous les ponts, etc. Juin, juillet, à la miellée et au réflecteur.

### Toxocampidæ. Gn.

#### G. TOXOCAMPA. Gn.

369. Pastinum. Tr. — R. Dans nos marais et glacis marécageux, où elle vole à la brune. Juin.

---

(1) J'ai capturé une aberration remarquable de cette espèce, dans le bois de Wagnonville. Un peu plus grand que le type. Espaces basilaire et médian moins lavés de fauve. *Lignes et points ordinaires complètement nuls.* Bord des ailes inférieures de la couleur du fond, *sans maculatures blanches ni fauves,* inférieures d'un gris roussâtre. Tête et thorax rougeâtres. Un seul exemplaire à la miellée en novembre.

## Catocalidæ. Bdv.

### G. CATOCALA. Schr.

370. Fraxini. L. — A. R. Bois de Faumont, de Cuincy, de Wagnonville, etc. Allées plantées de peupliers et de bois-blancs. Août, septembre et octobre A la miellée. Autrefois très-commune sur la route de Cuincy.

371. Nupta. L. — T. C. Routes plantées de peupliers. Chenille sur cet arbre et sur le saule. Juillet, Septembre.

## Ophiusidæ. Gn.

### G. OPHIODES. Gn.

372. Lunaris. S. V. — A. R. Bois de chênes. Flines et Faumont. Aime à se reposer dans les herbes, d'où on le fait facilement partir le jour. Juin.

## Euclididæ. Gn.

### G. EUCLIDIA. Tr.

373. Mi. L. — C. prairies marécageuses des bois de Flines et de La Placette. Mai, juin.

374. Glyphica. L. — Abonde dans toutes les prairies, glacis, etc.; où il vole à l'ardeur du soleil. Mai, août.

## Poaphilidæ. Gn.

### G. PHYTHOMETRA. Haworth.

375. Laccata. Scop. *Ænea*. S. V. — T. C. Dans les bruyères du bois de Flines. Glacis, rare. Juin, juillet.

## PHALÆNIDÆ. Dup. Gn,

### Urapterydæ. Gn.

#### G. URAPTERYX. Leach.

376. SAMBUCARIA. L. — Plus ou moins commune selon les années. Dans tous les bois, glacis, jardins et parcs, où elle vole au crépuscule. Juillet.

### Ennomidæ. Gn.

#### G. EPIONE. Dup.

377. APICIARIA. Schiff. — P. R. Bois de Wagnonville. Moins commune dans les autres localités. Glacis, routes et endroits humides plantés de saules. Juillet et septembre.

378. ADVENARIA. Hb. — C. dans tous les bois frais et allées couvertes de ces bois. Wagnonville, Cuincy, Faumont, etc. Mai, juin.

#### G. RUMIA. Dup.

379. CRATÆGATA. L. — A. C. Glacis, haies d'aubépine et de prunellier, etc. Mai, août.

#### G. VENILIA Dup.

380. MACULARIA L. *Maculata*. Dup. — T. C. Parties clair-semées des bois de Flines et de Faumont, dans l'intérieur du taillis. Mai, juin.

#### G. ANGERONA. Dup.

381. PRUNARIA. L. — C. Le soir dans toutes les allées et lisières des bois. Juin, juillet.

Ab. *Sordiata*. Gœze. *Corylaria*. Dup. — Avec le type, et plus commune dans le bois de Gœulzin.

### G. METROCAMPA. Latr.

382. Margaritaria. L. *Margaritata*. Gn. — Partout sans être commune nulle part. Bois frais, fortifications, etc. Juin, juillet et septembre.

### G. ELLOPIA. Tr.

383. Prosapiaria. L. *Fasciaria*. Schiff. — R. Bois de Flines, dans les bruyères. Juin.

### G. EURYMENE Dup.

384. Dolabraria. L. — A. R. Dans tous nos bois, en battant les taillis de chênes et sur le tronc de cet arbre. Mai, juillet.

### G. PERICALLIA. Stph.

385. Syringaria. L. — Un peu partout, et jamais communément. Endroits couverts des bois, vole au crépuscule dans les allées, jardins, etc. Juin, juillet.

### G. SELENIA. Hb.

386. Bilunaria. Esper. *Illunaria*. Hb. — P. R. Partout. Bois, routes, glacis, etc., au pied des arbres. Avril et août.

Vté *Juliaria*. Haw. — A. R. Avec le type. Juin.

387. Lunaria. Hb. — Mêmes mœurs et aussi répandue que *Bilunaria*. Avril, juin et septembre.

Ab. *Delunaria*. Hb. — A. R. Avec le type. En juin.

388. Tetralunaria. Hufn. *Illustraria*. Hb. — A. R. Dans les bois, glacis, routes, promenades, etc. Au pied des vieux ormes. Mai, juin et septembre.

## G. CROCALLIS. **Tr.**

389. Elinguaria. L.— Bois frais et glacis, bois de Wagnonville et de Cuincy. Chenille sur chêne, aubépine, etc. Peu commune. Juillet, août.

## G. ENNOMOS. **Tr.**

390. Autumnaria. Werner. *Alniaria.* Esp. — P. C. Bois et routes, au pied des ormes, chênes, tilleuls, etc. Août, septembre.

391. Alniaria. L. *Tiliaria.* Hb. — Dans tous les bois, bosquets. Pas bien rare au réflecteur. Août, septembre.

392. Erosaria. Bkh. — A. R. Bois de Faumont et de Gœulzin, au pied des arbres et en battant les lisières. Juin et septembre.

393. Angularia. Bkh. — C. En battant les lisières des bois. Faumont, etc. Juin, juillet.

Ab. *Quercinaria.* Gn. — Avec le type et presque aussi commune.

## G. HIMERA. Dup.

394. Pennaria. L. — R. Dans nos bois. Tronc des chênes, et en battant les taillis. Octobre, novembre.

### Amphidasydæ. Gn.

## G. PHIGALIA. Dup.

395. Pilosaria. Hb. — P. R. Dans les bois, contre le tronc des chênes. Femelle plus rare. Février, mars.

## G. BISTON. Leach.

396. Hirtaria. L. — T. C. Sur les routes, glacis ; au pieds des ormes. Mars, avril.

### G. AMPHIDASYS. Tr.

397. STRATARIA. Hufn. *Prodomaria*. Schiff. — A. R.
Dans les bois de chênes. Glacis, très-rare. Avril.

398. BETULARIA. L. — Plus ou moins commun selon
les années. Fortifications, routes, sur le tronc des bois-
blancs, ormes, etc. Juin.

### Boarmidæ. Gn.

### G. BOARMIA. Tr.

399. REPANDATA. L. *Repandaria*. Dup. — A. C. Dans
tous nos bois. Endroits frais et abrités. Tronc des arbres.
Juin, juillet. A la miellée.

400. (1) ROBORARIA. Schiff. — A. R. Bois de Flines et
de Faumont. Tronc des chênes. A la miellée plus commune. Juin.

401. CONSORTARIA. Fab. — T. C. Dans tous les bois sur
le tronc des arbres. Juin, juillet.

### G. TEPHROSIA. Bdv.

402. CREPUSCULARIA. Hb. — T. C. Bois, routes, promenades. Chenille sur orme, aulne, etc. Mars, septembre.

403. LURIDATA. Bkh. *Extersaria*. Hb. — A. C. Bois de
Flines, Faumont, Gœulzin. Tronc des chênes, endroits
couverts. Juin.

404. (2) PUNCTULARIA. Hb. *Punctulata*. Gn. — T. C.

---

(1) Capturé dans le bois de Faumont un exemplaire *mâle* qui, au lieu
d'être d'un blanc grisâtre, est presque noir. Cette aberration est presque à
*Roboraria* type, ce que l'aberration *Doubledayaria* est à *Betularia*.

(2) Pris au bois de Flines, un exemplaire *femelle* d'un beau gris cendré
très foncé.

Dans tous nos bois, Wagnonville et Cuincy exceptés ; au pied des hêtres, aulnes, etc. Mai, juin.

### Geometridæ. Gn.

#### G. PSEUDOTERPNA. Hb.

**405.** PRUINATA. Hufn. *Cythisaria.* S. V. *Genistaria.* Dup.—P. C. Bois de la Placette, Flines, Faumont, etc. En battant les taillis, endroits secs. Juin, juillet.

#### G. GEOMETRA. Bdv.

**406.** PAPILIONARIA. L.—A. R. Dans tous nos bois. Vole au crépuscule dans les allées sombres. Juin, juillet. Plus commune au réflecteur.

#### G. JODIS. Hb.

**407.** VERNARIA. Hb. — A. R. Dans les mêmes localités que *Papilionaria.* Bois frais, plantés d'aulnes. Juin, juillet. .

**408.** LACTEARIA. L. *Putataria.* Dup. — Pullule dans les clairières et parties clair-semées des bois de Flines, Faumont et Gœulzin ; au crépuscule. Mai, juin.

#### G. PHORODESMA. Bdv.

**409.** PUSTULATA. Hufn. *Bajularia.* Schiff.—A. R. Dans les bois de chênes. Flines, Faumont et Gœulzin, etc. Le soir dans les allées, et en battant les taillis. Juin.

#### G. HEMITHEA. Dup.

**410.** STRIGATA. Mueller. *Æstivaria.* Dup. *Thymiaria.* Gn.— T. C. Dans les allées et sur les lisières de tous les bois. Juin, juillet.

**411.** FIMBRIALIS. Scop. *Buplevraria.* Schiff. — A. C. Prairies, dans les luzernes, glacis, sur les talus. Juin, juillet.

## Ephyridæ. Gn.

### G. EPHYRA Dup.

412. (1) Punctaria. L. — T. C. Dans tous les bois, mai et juin, au pied des arbres, dans les buissons etc.

413. Poraria. Dup. *Porata.* Gn. — A. R. Bois de chênes et de bouleaux. Mai, juin.

414. Trilinearia. Bkh. *Linearia.* — P. C. Bois de chênes, au pied de ces arbres, hêtres etc. Mai, juin.

415. Annulata. Schulze. *Omicronaria.* Hb. — Rare. Bois de Wagnonville, Cuincy. Sur le tronc des platanes. Mai, juin.

416. Pendularia. L. — C. Bois de bouleaux. Tronc des hêtres, bouleaux, etc. Mai et août.

## Acidalidæ Gn.

### G. HYRIA. Stph.

417. Muricata. Hufn. *Auroraria.* Bork. — A. C. Allées et lisières des bois, dans les bruyères. Dans nos glacis, sur les talus. Juin, juillet.

### G, ASTHENA. Hb.

418. Luteata. Schiff. *Lutearia.* Dup. — C. En battant les allées des bois humides, et parties couvertes des bois. Juin.

419. Candidata. Schiff. — Abonde dans tous les bois. Mai, juin, juillet.

---

(1) Capturé une aberration sans l'ombre médiane, beaucoup plus chargée d'atómes et de couleur rouge brique. De même quelques exemplaires avec des taches ferrugineuses, simulant des omicrons.

420. Testaceata. Donov. *Sylvata*. Hb. — P. C. Dans tous nos bois, s'échappe souvent lorsqu'on bat les aulnes. Juin, juillet.

### G. EUPISTERIA. Bdv.

421. Obliterata. Hufn. *Heparata*. Haw. — Dans tous nos bois humides, où il abonde. Mai, juin,

### G. ACIDALIA. Tr.

422. Sylvestraria. Dup. *Macilentaria*. H.S. *Antiquaria*. H.S. — R. Çà et là. Dans les bois et glacis. Endroits secs et herbus. Juillet.

423. Dimidiata. Hufn. *Scutulata*. Bkh. — C. Le soir dans tous les bois humides, et fonds des glacis marécageux. Juin, août.

424. Lævigaria. Hb. — R. Capturé quelques exemplaires en battant les toits de chaume, les meules, etc. Juin, juillet.

425. Bisetata. Hufn. *Reversaria*. Dup. — T. C. Bois de Wagnonville, le long de l'Escrebieux, en battant le taillis. Mai, août. Espèce variable pour le degré de coloration.

426. Rusticata. Fab. — Partout. Le plus souvent appliquée contre les murs, les palissades, etc. Pas très commune. Juin-août.

427. Humiliata. Hufn. *Osseata* F. — T. C. Glacis, prairies, sur les talus, dans les herbes et dans les broussailles. Juillet.

428. Dilutaria. Hb. *Interjectaria*. Bdv. — Aussi répandu que *Osseata*, avec laquelle elle vole de compagnie. Juillet.

429. Incanaria. Hb. *Virgularia*. Hb. — Partout, bois,

jardins, contre les murs ; clôtures en bois, touffes de lierre, etc. De Mai à octobre.

430. Trigeminata. Haw. *Reversata.* Tr. *Bisetaria.* Dup. — A. C. Bois frais, humides, en battant les lisières. Juin, juillet.

431. Herbariata. Fab. *Pusillaria.* Dup. *Microsaria.* Bdv. — P. C. Intérieur des habitations dans les greniers, en battant les granges, etc. Chenille vit aux dépens des plantes desséchées, des herbiers, etc. Juin.

432. Ornata. Scop. — C. Endroits secs, le long des talus. Chenille sur le serpolet, (*Thymus serpillum.*)

433. Marginepunctata. Gœze. *Promutata.* Gn. *Immutaria.* Dup. — A. C. Dans nos glacis, endroits humides. Le jour contre les palissades, les arbres, etc. Mai, juin.

434. Straminata. Tr. — R. Dans nos glacis. Prairies de La Placette, Gœulzin. Endroits très-secs. Juin.

435. Subsericeata. Hw. *Pinguedinata.* Zell. — C. Dans tous nos glacis. Endroits frais, humides. Dans les buissons. etc. Juin, juillet.

436. Immutata. L. *Sylvestraria.* Hb. — T. C. Glacis, prairies humides et endroits marécageux. De mai en août.

437. Remutaria. Hb. — Pullule sur toutes les lisières bordant les marécages de l'intérieur du bois de Flines. Plus rare ailleurs. Mai, juin.

438. Strigilaria. Hb. *Prataria.* Bdv. — C. Dans tous nos bois frais, en battant les allées couvertes. Juin, juillet.

439. Imitaria. Hb. — R. Je ne l'ai encore rencontrée que dans le bois de Wagnonville. Juillet. Au réflecteur.

440. Aversata. L. — C. Dans tous les bois humides. Juin, juillet.

Ab. *Lividata.* — L. Avec le type et plus commune dans les bois secs, sablonneux. Gœulzin.

441. EMARGINATA. L. — A. C. Bois humides, le long des rivières. En battant les saules et les aulnes. Juin, juillet. Commune au bois de Wagnonville.

### G. TIMANDRA. Dup.

442. AMATARIA. L. — C. Dans tous les endroits frais, humides. Bois et glacis, endroits herbus. Juin, juillet.

### Caberidæ. Gn.

### G . CABERA. Tr.

443. PUSARIA. L. — T. C. Partout, dans les
444. EXANTHEMARIA. Scop. bois et glacis. De mai en août.

### G. CORYCIA. Dup.

445. BIMACULATA. Fab. *Taminata.* Hb. — A. C. Dans le bois de Wagnonville, dans la clairière et le long de l'Escrebieux. Juin, juillet. Espèce très-localisée.

### Macaridæ. Gn.

### G . MACARIA. Curt.

446. NOTATA. L. — C. Bois de Flines, Faumont, Gœulzin, etc. Au pied des hêtres, etc., et battant les taillis. Mai, juin.

447. ALTERNATA. Gn. — Plus rare que *Notata.* Mêmes localités. Juin.

448. LITURATA. Clerck. — A. R. Bois de Flines dans les sapinières. Juillet.

## G. HALIA. Dup.

449. WAVARIA. L. — C. Dans les jardins et vergers. La chenille cause de grands dégâts aux plantations de groseillers. Juillet.

## Fidonidæ. Gn.

### G. STRENIA. Dup.

450. CLATHRATA. L.—Abonde partout, dans les prairies, champs et lisières des bois. De mai en août.

Ab. *Cancellaria*. Hb.— Rare. Talus des glacis. Deux exemplaires.

### G. NUMERIA. Dup.

451. PULVERARIA. L.— P. C. Bois de Flines, Faumont. En battant les allées ombragées, dans les taillis. mai, août.

### G. FIDONIA. Tr.

452. ATOMARIA. L. -- Abonde partout, depuis avril jusqu'en août. Varie beaucoup pour l'intensité de la couleur.

Ab. A.—*Femelle* de la couleur du *mâle*. Bois de Flines, dans les bruyères. Rare.

453. (1) PINIARIA. L. — Bois de Flines et de Faumont. Assez rare. Commune au bois de Wagnonville en battant les pins du parc. Juin.

454. BRUNNEATA Chab. ⎧ R. Bois de Flines dans les
*Pinetaria*. Hb.          ⎨ bruyères, et parties clair-se-
*Quinquaria*. Dup.      ⎩ mées, plantées de *Vaccinium myrtillus*. Juin.

(1) Le bois de Wagnonville est le seul de nos environs où se rencontre la variété *mâle* ayant les tâches jaunes du disque, blanches. Pris de cette variété, qui est très rare en France, une vingtaine d'exemplaires.

### G. ASPILATES. Tr.

455. STRIGILLARIA. Hb. — Bois secs, Flines et Faumont, dans les bruyères. Espèce peu commune. Juin, juillet.

## Zerenidæ. Gn.

### G. ABRAXAS. Leach.

456 GROSSULARIATA. L. — C. Partout, dans les bois, jardins et vergers. Juin, juillet.

457. SYLVATA. Scop. *Ulmata.* F. — C. Bois frais et ombragés. Wagnonville, Cuincy, bois de Gœulzin. Vole à la brune dans les allées. Juin, juillet.

### G. LIGDIA. Gn.

417. ADUSTATA. S. V. — P. C. Mêmes localités que *Sylvata.* Glacis. Chenille sur le fusain. *Evonymus Europæus.*

### G. LOMASPILIS. Hb.

459. MARGINATA. L, — T. C. Dans tous les bois humides, endroits couverts, glacis, etc. De mai en août.

Ab. *Pollutaria.* Hb. — Plus rare, surtout les exemplaires bien caractérisés. Avec le type.

## Hybernidæ G.

### G. HYBERNIA. Latr.

460. LEUCOPHÆARIA. S. V. — A. C. Bois de Flines, Faumont et Gœulzin, tronc des chênes. Février, mars.

Ab. *Marmorinaria.* Esp. — Avec le type et un peu plus rare.

461. MARGINARIA. Bkh. *Progemmaria*. Hb. — C. Dans tous les bois, en battant les jeunes chênes et les hêtres qui ont conservé leurs feuilles. Février, mars.

462. DEFOLARIA. L. — Bois, glacis, jardins, vergers, etc. Pas rare. Novembre, décembre.

### G. ANISOPTERYX. Stph.

463. ÆSCULARIA. S. V. — Commune sur le tronc des arbres, dans les bois, glacis, sur les routes, etc. Janvier, mars. *Femelle* plus rare.

### Larentidæ. Gn.

### G. CHEIMATOBIA. Stph.

464. BRUMATA. L. — Abonde partout. Sa chenille cause de grands ravages dans nos bois et dans nos vergers. Vole le soir par essaims à la lisière des bois et autour des lumières. Octobre, novembre.

### G. OPORABIA. Stph.

465. DILUTATA. S. V. — Partout. Dans les bois et glacis, appliquée contre le tronc des arbres. Octobre, novembre.

### G. LARENTIA. Tr.

466. VIRIDARIA. F.
*Pectinataria*. Knoch.
*Miaria* Hb.
{ A. C. Partout. Bois frais, glacis, jardins. Souvent appliquée contre les murs, les palissades, sous les voûtes, etc. Juin, juillet.

### G. EMMELESIA. Stph.

467. ALCHEMILLATA. L. *Rivulata*. Dup. — P. C. Bois de Wagnonville et de Cuincy. Endroits couverts. Août.

468. ALBULATA. Dup. — Pullule dans tous nos glacis, en mai. Dans les prairies, etc.

### G. EUPITHECIA. Curtis.

469. OBLONGATA. Thunb. *Centaureata*. F. — Partout, sans être commune nulle part. Allées des bois, jardins, glacis, contre les arbres, les palissades, etc. Août.

470. SUBNOTATA. Hb. *Scabiosata*. Dup. — R. Dans nos glacis. Chenille sur les *Chenopodium*. Juin, au réflecteur.

471. LINARIATA. S. V. — R. Talus des glacis, en battant les touffes de *Linaria vulgaris*. Août.

472. PUSILLATA. S. V. *Subumbrata*. Hb. — C. Dans les sapinières. Abondante à Wagnonville, en battant les pins et cyprès du parc. Mai, juin.

473. DEBILIATA. Hb. — Bois de Flines et de Faumont. Endroits plantés de *Vaccinium myrtillus*. Tronc des chênes. Difficile à saisir. A. C.

474. RECTANGULATA. L. — A. C. Dans les bois, jardins et vergers. Juin.

475. CORONATA. Hb. *Rectangulata*. Bdv. — Plus rare que *Rectangulata*, mêmes localités. Juillet.

476. MILLEFOLIATA. Rœssler. *Achilleata*. Mabille. — R. Bois de Wagnonville, fortifications, etc. Juin.

477. NANATA. Hb. — R. Bois de Flines dans les bruyères. Endroits arides. Juin.

478. TENUIATA. Hb. — A. C. Dans nos bois. En battant et au pied des saules-marceaux. Juin.

479. PLUMBEOLATA. Haw. — A. R. Bois frais, prairies

humides. Wagnonville, La Placette, Flines, près de l'ancienne sablière. Juin.

480. VULGATA. Haw. *Austeraria*. H. S. — Répandue partout. Bois et glacis ; en battant les haies, etc. Endroits couverts de houblon. Mai, juin.

481. ALBIPUNCTATA. Haw. *Tripunctaria*. H. S. — A. R. Bois de Wagnonville. Pris quelques exemplaires en battant les sapins du parc. Juin.

482. ABSYNTHIATA. L. — C. Glacis, bois, jardins, contre les murs, les palissades, etc. Mêmes mœurs que *Vulgata*. Mai, juin.

483. ASSIMILATA. Gn. — Aussi commune que *Absynthiata*. S'échappe parfois en nombre en battant les tonnelles couvertes de houblon. Mai, juin, juillet.

484. ABBREVIATA. Stph. *Reductaria*. Bdv. — A. R. Bois de chênes, Flines, Faumont, Gœulzin, etc. Mai, juin.

485. EXIGUATA. Hb. — Pas commune. Vergers, glacis et bois frais. Juin.

486. PUMILATA. Hb. *Pauxillaria*. Bdv. — A. R. Bois de Wagnonville, en battant les lisières, bosquets, etc. Août.

### G. LOBOPHORA. Curtis.

487. HALTERATA. Hufn. *Hexapterata*. Schiff. — C. Bois de Gœulzin et de Wagnonville. Souvent appliquée contre le tronc des arbres à écorce lisse ; hêtres, platanes, etc. Avril, mai.

488. SEXALISATA. Hb. *Sexalata*. Vill. — R. Bois frais, Médole, etc. Mai.

489. CARPINATA. Bkh. *Lobulata*. Hb. — Moins commune que *Halterata*. Mêmes localités, routes, tronc des peupliers. Mai.

### G. YPSIPETES. Stph.

490. SORDIDATA. F. *Elutata*. Hb. — A. R. Bois de Faumont, dans les fourrés. Juillet.

491. TRIFASCIATA. Bkh. *Impluviata*. Hb. — T. C. Parties sombres des bois, sur le tronc des arbres. Juin.

### G. MELANTHIA. Dup.

492. BICOLORATA. Hufn. *Rubiginata*. Fab. — C. Au crépuscule dans les allées et à la lisière des bois. Juin, juillet.

493. OCELLATA. L. — Moins répandue que *Bicolorata*. Endroits humides, le long des fossés, rivières, etc. Juillet.

494. ALBICILLATA. L. — Bois de Wagnonville, Flines, etc. Commune au crépuscule dans les allées des bois. Juin, juillet.

### G. MELANIPPE. Dup.

495. HASTATA. L. — A. R. Bois de Flines et de Faumont. Chenille sur le bouleau. Juin.

496. TRISTATA. L. — Mêmes localités que *Hastata*. Wagnonville, en battant les haies. Mai, juin.

497. PROCELLATA. Fab. — R. Un seul exemplaire dans le bois de Wagnonville. Juin.

498. (1) Rivata. Hb. — T. C. Partout. Dans les prairies, aux lisières des bois, contre les arbres, clôtures, etc. De mai à juillet.

499. Sociata. Bkh. *Alchemillata.* Hb. — A. C. Bois humides. Wagnonville, La Placette, etc. Juillet.

500. Montanata. Bkh. — Abonde dans les bois frais, humides. Chenilles sur le coucou. (*Primula officinalis*)

501. Galiata. Hb. — A. C. Partout dans nos glacis. Mai, juillet.

502. Fluctuata. L. — T. C. Partout, contre les murs, les arbres, les barrières, sous les ponts, etc. De mai en août.

### G. COREMIA. Gn.

503. Designata. Rott. *Propugnata.* F. — A. R. Dans les bois de Flines et de Faumont, dans les allées, à la lisière, etc. Juin.

504. Ferrugata. Clerck. — Abonde partout, bois et prairies. De mai en août.

Ab. *Spadicearia.* Bkh. — A. R. Avec le type. Prairies du bois de Wagnonville.

505. Quadrifasciaria. Clerck. *Ligustraria.* Hb. — A. R. Bois de Wagnonville, lisière du bois, le long de l'Escrebieux. Juin, juillet.

---

(1) J'ai capturé dans nos glacis l'aberration suivante : Tous les dessins ont disparu : Ailes supérieures complètement envahies par une large ombre d'un brun roussâtre. Espace terminal plus clair, point noir ordinaire bien visible, et cerclé de gris-blanchâtre. Inférieures d'un gris noirâtre. Dessous des quatre ailes gris-blanc maculé de fauve. Un seul exemplaire *femelle.*

506. (1) MUNITATA. Hb. — T. R. Bois de Wagnonville. Fin mai. Deux exemplaires.

#### G. CAMPTOGRAMMA. Stph.

507. BILINEATA. L. — Partout. En battant les haies,
buissons, etc. Juillet, août.

#### G. PHIBALAPTERYX. Stph.

508. VITTATA. Bkh. *Lignata*. Hb. — C. Le soir dans les
marais et endroits tourbeux. Glacis, bois marécageux.
Juin et août.

#### G. SCOTOSIA. Stph.

509. DUBITATA. L. — A. R. Sous les voûtes, dans les
caves, etc. Juillet.

510. VETULATA. S. V. — R. Bois humides. Wagnonville.
Dans les allées. Au réflecteur. Juillet.

511. CERTATA. Hb. — P. C. Jardins, bosquets, sous
les ponts, etc. Chenille sur l'épine-vinette (*Berberis vulgaris*).

512. UNDULATA. L. — Dans tous nos bois, affectionne
les endroits couverts, le long des fossés. Juin, juillet.

#### G. CIDARIA. Tr.

513. CORYLATA. Thunb. *Ruptata*. Hb. — Abonde dans
tous les bois de chênes, contre le tronc de cet arbre. Juin.

514. TRUNCATA. Hufn. *Russata*. Bkh. — Commune dans
tous nos bois et jusque dans nos glacis. Mai, septembre.

---

(1) Cette espèce n'a pas encore été signalée en France. Elle est nouvelle
pour notre faune.

515. PRUNATA. L. *Ribesiaria*. Bdv. — C. Dans les jardins, vergers, en battant les haies, etc., juillet, août.

516. TESTATA. L. *Achatinata*. Hb. — P. C. Endroits humides, bois de Wagnonville et de Cuincy ; glacis, dans les oseraies, etc., août, septembre.

517. FULVATA. Forst. *Sociata*. Fab. — R. Bois, jardins, bosquets, etc., juillet.

518. DOTATA. L. *Pyraliata*. Fab. — T. C. Dans tous les bois, jardins, etc., juillet.

519. ASSOCIATA. Bkh. { Plus rare que *Dotata*. Vergers.
*Marmorata*. Hb. { Chenille sur le groseiller noir.
*Dotata*. Gn. { (*Ribes nigrum*.) Juin, juillet.

### G. PELURGA. Hb.

520. COMITATA. L. *Chenopodiata*. L. — Pas rare. Dans les fonds des glacis, le long des fossés, etc., juillet, août.

### Eubolidæ. Gn.

### G. EUBOLIA. Dup.

521. LIMITATA. Scop. *Mensuraria*. S. V. — Pullule dans nos glacis, endroits herbus, le long des murs, lisière des bois secs, etc., juillet.

522. PALUMBARIA. S. V. *Plumbaria*. Fab. — A. C. Bois de Flines, voisinage des bruyères, juin.

523. BIPUNCTARIA. Schiff. — A. C. Glacis, endroits secs, sur les talus, dans les broussailles, etc., juin, juillet.

### G. ANAITIS. Dup.

524. PLAGIATA. L. *Duplicata*. Fab. — C. Partout, dans

les prairies, glacis, sur les talus, etc., chenille sur les *Hypericum*. Juin, juillet.

### G. AVENTIA. Dup.

525. FLEXULA. Schiff. *Flexularia*. Hb. — R. Glacis, au pied des vieilles maçonneries, dans les broussailles, buissons, etc. Quelques exemplaires, juillet, août.

---

# MICROLÉPIDOPTÈRES.

## Deltoïdes Latr.

### G. ZANCLOGNATHA. Ld.

1. TARSIPLUMALIS. Hb. — C. Bois de Flines, intérieur du taillis, endroits plantés de *Vaccinium myrtillus*. Juin.

2. GRISEALIS. Hb. *Nemoralis*. F. — C. Dans tous les bois frais. Endroits sombres. Mai, juin. Chenille sur le bouleau.

3. EMORTUALIS. Schiff. — R. Endroits clair-semés et herbus des bois de Faumont et de Flines. Juin.

### G. HERMINIA. Latr.

4. CRIBRUMALIS. Hb. *Cribralis*. Hb. — R. Endroits tourbeux, glacis. Bois de Wagnonville dans les parties marécageuses. Juillet, au réflecteur.

5. DERIVALIS. Hb. — P. C. Bois de Flines, Faumont et Gœulzin En battant les buissons, les taillis. Endroits frais. Juin, juillet.

## G. PECHIPOGON. Hb.

6. Barbalis. Cl. — C. Dans tous les bois, en battant les allées. Mai, juin.

## G. BOMOLOCHA. Hb.

7. Fontis. Thnb. *Crassalis*. F. — T. C. Bois de Flines. Le long des fossés sous le taillis. Juin, juillet.

Ab. *Mâle: Terricularis*. Hb. — Avec le type et plus rare.

## G. HYPENA. Tr.

8. Rostralis. L. — Commun partout. En battant les toits de chaume, les cyprès. Dans les granges, etc. Mai, août.

9. Proboscidalis. L. — T. C., où croît l'ortie. Bois et glacis. Juin.

## G. HYPENODES. Gn.

10. Costæstrigalis. Stph. — R. Dans les marais et bois marécageux. Au réflecteur. Juin et août.

## G. RIVULA. Gn.

11. Sericealis. Sc. — Pullule dans toutes les prairies et bois humides. Mai à septembre.

## PYRALIDINA.

### Pyralididæ.

## G. AGLOSSA. Latr.

12. Pinguinalis. L. — C. Partout. Intérieur des habita-

tions, dans les granges, etc. Chenille, vit de débris de toute espèce. Juin, juillet:

13. CUPREALIS. Hb. — Plus rare que *Pinguinalis*. Dans les bois, près des ruches, etc. Juin.

### G. ASOPIA. Tr.

14. GLAUCINALIS. L. — A. R. Dans les meules, sous les toits de chaume, contre les murs, etc. Juillet.

15. COSTALIS. F. *Fimbrialis*. Schiff. — C. Glacis, sur le tronc des arbres, autour des meules, en secouant les jeunes ormes, etc. Juin, juillet.

16. FARINALIS. L. — C. Dans les granges, meules de blé, etc. Chenille, vivant en tube dans la farine, le son. Juillet, août.

### G. ENDOTRICHA. Z.

17. FLAMMEALIS. Schiff. — C. Dans tous les bois de chênes, Flines, Faumont, Gœulzin, etc. Juin. juillet.

### G. SCOPARIA. Hw.

18. AMBIGUALIS. Tr. — T. C. Dans tous les bois humides, marécageux. Mai, juillet.

19. DUBITALIS. Hb. Pullule dans tous les fonds des glacis. Le long des fossés, tronc des saules etc. Mai, juin.

20. MANIFESTELLA. H. S. — R. Un exemplaire dans nos glacis. Juin.

21. LINEOLA. Curt. — A. R. Routes, sur le tronc des vieux saules et peupliers. Juin.

22. TRUNCICOLELLA. Stt. *Mercuriella*. Z. — R. Bois de Flines. Juin.

23. FREQUENTELLA. Stt. — T. C. Jardins, vergers, sur le tronc des arbres fruitiers. Glacis. Juillet, août.

24. PALLIDA. Stph. — C. Vole au crépuscule dans les joncs, endroits tourbeux des glacis. Juin, août.

### G. EURRHYPARA. Hb.

25. URTICATA. L. — T. C. Partout où pousse l'ortie. Juin.

### G. BOTYS. Tr.

26. OCTOMACULATA. F. — A. C. Bois de Faumont et de Flines, sur les fleurs des ronces, dans les bruyères, etc. Juin.

27. CINGULATA. L. — A. R. Endroits secs, bois et glacis. Juin.

28. AURATA. Sc. *Punicealis.* Schiff. — A. C. Parties marécageuses des bois. Juin.

29. PURPURALIS. L. — T. C. Partout, sur l'ortie, dans les prairies, etc. Juin.

30. CESPITALIS. Schiff. — Dans tous les endroits herbus. Prairies, lisières des bois, etc. Mai, juin.

31. POLYGONALIS. Hb. *Limbalis.* Tr. — R. Glacis, endroits secs. Le soir sur les fleurs des chardons. Août.

32. HYALINALIS. Hb. — Peu commun. Au crépuscule dans les allées et à la lisière du bois de Flines. Juin.

33. FUSCALIS. Schiff. — C. Dans tous les bois et les prairies sylvatiques. Juin.

34. CROCEALIS. Hb. — A. R. Bois frais, glacis, le long des fossés, etc. Chenille dans les tiges de l'*Inula dyssenterica*..

35. SAMBUCALIS. Schiff. — C. Dans tous les bois frais, jardins, bosquets, etc. Juin.

36. VERBASCALIS. Schiff. — A. C. Dans les bois de Flines, Faumont, La Placette, etc. Dans les buissons, taillis, etc. Juin.

37. FULVALIS. Hb. — A. C. Dans les jardins et vergers, en battant les framboisiers. Juillet, août

38. FERRUGALIS. Hb. — Pas rare. Bois et glacis. Juillet. Plus commun à la miellée en octobre, novembre.

39. PRUNALIS. Schiff. — C. Dans les bois et dans les haies où pousse le prunellier. Juin. juillet.

40. OLIVALIS. Sc. — A. R. Bois humides et vergers. Wagnonville. Juillet.

41. RURALIS. Sc. *Verticalis*. Schiff. — T. C., où pousse abondamment l'ortie. Bois, glacis, etc. Juin, juillet.

### G. EURYCREON. Ld.

42. TURBIDALIS. Tr.—A. C. Dans les glacis et bois marécageux. Mai, juin.

43. PALEALIS. Schiff. — Pullule dans tous nos glacis. Chenille dans les ombelles du *fenouil*. Juillet, août.

### G. NOMOPHILA. Hb.

44 NOCTUELLA. Schiff. *Hybridella*. Hb.—C. Dans toutes les prairies et dans les bois secs. Juin, juillet.

### G. PSAMOTIS. Hb.

45. PULVERALIS. Hb. — R. Bois de Wagnonville. Au réflecteur. Juillet.

## G. PIONEA, Gn.

**46. Forficalis. L. — C.** Dans les marécages et endroits humides. Mai, juin.

## G. OROBENA. Gn.

**47. Extimalis. Sc.** *Margaritalis.* Schiff.—**A. C.** Glacis, dans les champs, etc. Juin, juillet.

**48. Straminalis. Hb.** *Stramentalis.* Hb. — **A. C.** Dans les champs, bois humides, le long des fossés, etc. Juin, juillet.

## G. PERINEPHELE. Hb.

**49. Lancealis. Schiff.—C.** Dans tous les bois, en battant les ronces. Endroits frais. Juin.

## G. AGROTERA. Schrk.

**50. Nemoralis. Sc. — A. C.** Parties sombres des bois, dans les taillis. Flines, Faumont, Gœulzin, etc. Mai, juin.

## G. HYDROCAMPA. Gn.

**51. Stagnata. Don.** *Nymphæalis.* L.—**T. C.** Dans tous les marais, étangs, fossés. Juin, septembre.

**52. Nymphæata. L.** *Potamogata.* L.—Aussi abondante que *Stagnata*, mêmes localités et époques.

(1) Ab *Nigra.* Mihi.—Avec le type et très rare.

(1) J'ai pris dans nos marais, *mâle* et *femelle* de cette remarquable aberration. Le *mâle* a le dessus des ailes presque complétement noir, et il ne reste des lunules blanches ordinaires que quelques vestiges grisâtres. On le prendrait au premier abord pour une variété très foncée du *Botys Sambucalis.* Le dessous des ailes est d'un noir profond. La *femelle* est complétement enfumée, sans aucune trace des taches blanches. J'ai pris le *mâle* dans les fossés du château de Wagnonville, et la *femelle* dans les fonds marécageux de nos glacis. De Selys-Lonchamps signale une aberration *mâle* de ce genre, dans son *Catalogue des lépidoptères de la Belgique.*

### G. PARAPONYX. Hb.

53. STRATIOTATA. L.— C. Dans tous les étangs, marais, etc., femelle généralement appliquée contre le tronc des arbres bordant les marais. Juin.

Aber. A., *femelle*. — Ailes supérieures d'un brun noir avec l'espace terminal moins foncé. Ailes inférieures plus blanches et bande noire plus large. R. Juillet.

54. LEMNATA. — Pullule dans tous les endroits marécageux. Mai, août.

### Chilonidæ.

### G. SCHOENOBIUS. Dup.

55. FORFICELLUS. Thnb.—Glacis marécageux, rare. Assez commune dans les marécages du bois de la Placette et du bois de Flines. Juin, juillet.

56. MUCRONELLUS. Schiff. — C. Le soir dans tous les marais, parmi les roseaux. Juin, juillet.

### G. CHILO. Zk.

57. PHRAGMITELLUS. Hb.— T. C. Le soir dans les marais, *femelle* plus rare. Chenille dans les tiges de l'*Arundo phragmites*. Juin, juillet.

58. CICATRICELLUS. Hb.—R. Marais et bois marécageux. Au réflecteur. Juin-juillet.

### Crambidæ.

### G. CALAMOTROPHA. Z.

59. PALUDELLA. Hb. — R. Dans les marais, au réflecteur. Juillet.

### G. CRAMBUS. F.

60. ULIGINOSELLUS. Z. — C. Glacis, endroits tourbeux, dans les joncs où il vole en nombre, à la brune, juillet.

61. PASCUELLUS. L.—T. C. Partout, prairies et bois humides, mai, juillet.

62. SYLVELLUS. Hb. — Abonde en août dans nos glacis, parmi les joncs.

63. PRATELLUS. L. — Pullule dans toutes les prairies, mai, juillet.

64. HORTUELLUS. Hb.—A. C. Talus des glacis, endroits secs, juin.

V<sup>té</sup> *Cespitellus.* Hb. — Avec le type et pas plus rare.

65. FALSELLUS. Schiff. — T. C. Sur tous les vieux murs moussus, toits de chaume, etc., juillet.

66. VERELLUS. Zk. — R. Glacis, endroits humides, juin.

67. CULMELLUS L. — Partout et communément, dans les prairies, bois, etc., juin.

68. INQUINATELLUS. Schiff. — C. Dans tous nos glacis, endroits secs, talus, etc., juin, juillet.

69. GENICULEUS. Hb. *Angulatellus.* Dup. — T. C. Dans tous nos glacis, endroits frais, herbus, juillet, août.

70. — TRISTELLUS. F. *Aquilellus.* Tr. — Abonde dans toutes les prairies, glacis, etc. Juillet, août.

71. SELASELLUS. Hb. *Pratellus.* H. S. — A. C. Dans les glacis, endroits tourbeux, dans les joncs. Juillet, août.

72. PERLELLUS. Sc. — A. C. Dans les jardins et aux lisières des bois humides. Juin, juillet.

## Phycideæ.

### G. NEPHOPTERYX. Z.

73. Spissicella. F. *Roborella*. Zk. — P. C. Glacis, jardins, vergers, bois. Juin.

74. Rhenella. Zk. — A. R. Tronc des saules et des peupliers. Juin, juillet.

### G. PEMPELIA. Hb.

75. Formosa. Hw. — R. Bois humides, et allées plantées d'ormes. Juillet, au réflecteur.

76. Palumbella F. — A. R. Bois de Flines, Faumont, etc. Pris quelques exemplaires à la miellée. Juin, juillet.

77. Ornatella. Schiff. — Glacis et jardins potagers. Endroits plantés de *Thymus serpillum*. Juillet.

### G. HYPOCHALCIA Hb.

78. Ahenella. Zk. — T. C. Dans toutes les prairies et lisières des bois. Endroits herbus. Juin.

### G. ACROBASIS. Z.

79. Consociella. Hb. — A. R. Dans les bois de chênes, en juillet.

80. Tumidella. Zk. — C. Tous les bois, en battant les taillis. Juin, août.

81. Rubrotibiella. F. R. — A. C. Mêmes localités. Juillet, août.

### G. ANCYLOSIS. Z.

82. Cinnamomella. Dup. — R. Bois de Flines. Quelques exemplaires à la miellée. Juillet.

### G. EUZOPHERA. Z.

83. PINGUIS. Hw. — R. Marais et endroits tourbeux. Juillet.

### G. EPHESTIA. Gn.

84. ELUTELLA. Hb. — C. Partout. Intérieur des habitations, tronc des arbres, toits de chaume, etc. Chenille, vit de débris de toute espèce. Juin.

85. INTERPUNCTELLA, Hb.— R. Intérieur des habitations. Juin, juillet.

## Gallerídæ.

### G . GALLERIA . F .

86. MELLONELLA. L. *Cereana*. L. — C. Voisinage des ruches, dans lesquelles sa chenille cause souvent les plus grands dégâts, et dont elle entraîne parfois la perte complète. Juin, juillet.

### G. APHOMIA. Hb.

87. SOCIELLA. L. *Colonella*. L. — Un peu partout. Chenille dans les nids des guêpes. Bois et glacis. Juin, août.

---

## TORTRICINA.

### G . RHACODIA . Hb.

88. CAUDANA. F. — T. C. Dans tous les bois, bosquets, etc. Août, septembre.

V<sup>té</sup> *Emargana*. F. — Avec le type et plus rare. Bois humides.

### G. TERAS. Tr.

89. HASTIANA. L. — Bois de Flines, Faumont, Wagnonville, etc. En battant les saules-marceaux, tronc des bouleaux, etc. Août, septembre.

Ab. *Byringerana*. Hb. — Avec le type et plus commune.

Ab. *Divisana*. Hb. — R. Bois humides. Wagnonville.

90. VARIEGANA. Schiff. — T. C. Dans les haies d'aubépine, jardins, sur les rosiers, etc. Juin, juillet.

Ab. *Asperana*. F. — Avec le type et aussi répandue.

91. BOSCANA. F. — A. R. Dans les bois, en battant les taillis et buissons d'orme. Août, septembre.

92. PARISIANA. Gn. — A. C. Bois, bosquets, où croît l'orme sur lequel se nourrit sa chenille. Août, septembre.

93. LITERANA. L. — R. Bois de chênes, Flines, Faumont, etc. Février, mars.

V<sup>té</sup> *Squamana*. F. — Plus commune que le type. Tronc des chênes. Mêmes époques et localités.

94. SPONSANA. F. — C. Dans tous les taillis et bois d'orme. Août, septembre.

95. NIVEANA. F. *Treueriana*. Hb. — C. En battant, et au pied des jeunes bouleaux dans les taillis. Bois secs. Flines, Gœulzin, etc. Octobre. Reparaît en mars.

96. SCHALLERIANA. L. — C. Dans tous les bois frais. Wagnonville, Cuincy, etc. En battant les allées et le taillis. Août, septembre.

6

97. Comparana. Hb.—Aussi répandue que *Schalleriana*. Mêmes localités et époques.

98. Aspersana. Hb.—Glacis, endroits secs et bien exposés au midi, sur les talus. N'est commune nulle part. Juillet.

99. Ferrugana. Tr. — Pullule dans tous les bois de chênes, en septembre et octobre, reparaît en mars.

V<sup>té</sup> *Tripunctana*. Hb. — Plus rare que le type et mêmes localités.

100. Holmiana. L. —Haies d'aubépine et de prunellier. Juin, juillet.

101. Contaminana. Hb.—C. Dans tous les bois frais, vergers, etc. Août, septembre.

V<sup>té</sup> *Ciliana*. Hb. —⎰ Plus répandues que le type, sur-
V<sup>té</sup> *Dimidiana*. Frœl. ⎱ tout *Ciliana*. Mêmes localités et époques.

### G. TORTRIX. Tr.

102. Podana. Sc. *Americana*. Tr.—T. C. Dans tous les bois, bosquets, jardins, etc. Chenille polyphage. Juin.

103. Cratægana. Hb. — A. C. En battant les allées des bois frais. Juin, juillet.

104. Xylosteana. L. — T. C. Dans tous les bois de chênes. Juin, juillet.

105. Rosana. L. *Lævigana*. Schiff.—Pullule en battant les haies de charme, d'aubépine, etc. Juin, juillet.

106. Sorbiana. Hb. — Dans tous nos bois où pousse le sorbier. Flines, Gœulzin. Très commune. Juin, juillet.

107. Semialbana. Gn. — A. C. Dans les jardins, parcs, en battant les rosiers. Juin.

108. Costana. F. — Assez répandue dans nos glacis. Endroits humides, voisinage des saules, au réflecteur. Juin, août.

109. Ribeana. Hb. ⎰ Dans tous les bois, en battant les
110. Cerasana. Hb. ⎱ haies, etc. Juin, juillet.

111. Heparana. Schiff. — T. C. Partout, haies, bosquets, bois, jardins. Juillet.

112. Lecheana. L.—A. C. Dans les bois et vergers. Juin.

113. Musculana. Hb. — Bois de Flines et de Faumont, en battant les bouleaux. Peu commune. Mai.

114. Unifasciana. Dup. — C. Haies, bosquets. Juin.

115. Strigana. Hb.—R. Bois de Flines et de la Placette. Juin.

Ab. *Stramineana*. Hb.—Avec le type. Deux exemplaires.

116. Diversana. Hb. — T. C. Dans tous nos bois, en battant les haies, etc. Juin.

117. Politana. Hw.—R. Bois de Flines. Juin.

118. Forsterana. F. *Adjunctana*. Tr.—R. Même localité et époque.

119. Ministrana. L. — T. C. Dans tous nos bois. Chenille sur les *Rhamnus*. Juin, juillet.

120. Conwayana. F. — Abonde dans toutes les parties ombragées des bois. Endroits frais. Mai, juin.

121. Bergmanniana. L.—T. C. Dans tous les jardins où se cultivent les rosiers. Juin.

122. Lœflingiana, L. — Abonde dans tous les bois. Endroits frais, couverts, bosquets, etc. Mai, juin.

123. Viridana. L.—Pullule dans tous les bois de chênes en juin, juillet.

124. Pilleriana. Schiff.—T. R. Capturé un seul exemplaire dans nos glacis. Juillet.

125. Grotiana. F. — A. C. Bois de Flines et de Faumont, en battant les taillis. Juin.

### G. SCIAPHILA. Tr.

126. Wahlbomiana. L.  ⎧ T. C. Partout, dans les bois,
V$^{té}$ *Incertana*. Tr.  ⎨ glacis, sur le tronc des ar-
V$^{té}$ *Communana*. H. S. ⎩ bres, en battant les haies, buissons, etc. Mai, juin.

127. Pasivana. Hb. — R. Bois de Wagnonville. Capturé quelques exemplaires en battant les cyprès du parc. Juillet.

128. Nubilana. Hb. — C. Haies d'aubépine et de prunellier. Juin.

### G. CHEIMATOPHILA. Stph.

129. Tortricella. Hb. — T. C., en février et mars, dans nos grands bois. Vole le jour dans les taillis.

### G. COCHYLIS. Tr.

130. (1) Hamana. L. — T. C. Dans nos glacis, champs, dans les touffes de chardons, etc. Juillet, août.

---

(1) Cette espèce offre une variété à ailes supérieures d'un jaune soufre très-pâle, presque blanc. Inférieures grisâtres. Endroits tourbeux des glacis. Plus rare que le type.

131. (1) Zœgana. L. — Aussi répandue que *Hamana*. Prairies humides. Juillet, août.

132. Schreibersiana. Frl. — R. Routes plantées de vieux peupliers ou de vieux ormes. Bois et glacis. Juin.

133. Cruentana. Froel. — C. Dans les prairies, glacis. Parcs de Wagnonville et de Cuincy, etc. Mai, juin.

134. Hartmanniana. Cl. *Baumanniana*. Schiff. — C. Bois de Flines dans les parties humides bordant les lisières. Très-rare ailleurs. Juin.

135. Aleella. Schulze. *Tesserana*. Tr. — T. C. Dans nos glacis, sur les talus. Juin, juillet.

136. Badiana. Hb. — Localisée. Bois de Wagnonville, le long de l'Escrebieux. Assez abondante en juin, juillet.

Vᵗᵉ *Cnicana*. Dbd. — Avec le type et plus rare.

137. Smeathmanniana. F. — Pullule dans toutes les prairies, bois humides. Mai, août. Chenille dans les ombelles de l'*Achillea millefolium*.

138. Implicitana. H. S. — R. Fonds des glacis. Au réflecteur en août. Chenille sur *Anthemis Coluta*.

139. Ciliella. Hb. — A. C. Dans les glacis et prairies sylvatiques. Avril, mai.

140. Mussehliana. Tr. — C. Glacis, dans les endroits

---

(1) Pris dans nos glacis marécageux deux exemplaires de l'aberration suivante : Dessus des ailes supérieures de couleur ocre brun. Le croissant des ailes, qui est brun dans le type, se confond avec la couleur de l'insecte. Le point de l'angle interne, plus étendu que chez *Zœgana*, se confond également avec la teinte du fond. Inférieures noires, au lieu d'être grisâtres. Dessous des quatre ailes très-enfumé. Tête, thorax et corps de la couleur des ailes supérieures.

tourbeux. Mai, juin. Chenille dans les tiges de l'*Alisma plantago*.

141. Posterana. Z. — A. C. Dans les prairies, sur les fleurs des centaurées. Juin.

142. Atricapitana. Stph. — R. Dans les buissons, touffes d'*Achillea millefolium*, ronces, etc. Juin.

143. Dubitana. Hb. — C. Dans toutes les prairies et bois humides, où elle vole au crépuscule. Mai, août.

### G. RETINIA. Gn.

144. Buoliana. Schiff. — Chenille très-commune dans les bourgeons du pin sylvestre. Flines, etc. Insecte parfait plus rare. Juillet. Cette espèce est des plus nuisibles à cet arbre.

### G. PENTHINA. Tr.

145. Salicella. L. — A. C. Routes et bois, tronc des saules, bois-blancs et peupliers. Juin, juillet.

146. Semifasciana. Hw. — R. Endroits humides, bas-fonds des glacis. En battant les saules. Juin.

147. Scriptana. Hb. *Hartmanniana*. L. — T. C. Routes, sur le tronc des saules et des peupliers. Juin.

148. Capreana. Hb. — C. Dans tous les bois, en battant les taillis et lisières. Juin.

149. Betulætana. Hw. — A. C. Mêmes localités, et souvent confondue avec *Capreana*. Juin.

150. Sororculana. Zett. *Prælongana*. Gn.—P. C. Bois de Flines, de Faumont. En battant, et sur le tronc des bouleaux qui nourrissent sa chenille. Avril, mai.

151. Variegana. Hb. ( C. Partout. Dans les bois, haies,
152. Pruniana. Hb. ( buissons. jardins, etc. Juin.

153. Ochroleucana. Hb. — A. R. Dans les bosquets, jardins, etc. Chenille sur les rosiers. Juin.

154. Dimidiana. Sodof. — A. R. Bois de bouleaux. Flines, etc. Mai.

155. Oblongana. Hw. — R. Glacis. Sur les talus exposés au midi. Juin, juillet.

156. Nigricostana. Hw. — R. Bois humides. Juin.

157. Striana. Schiff. — P. C. Lisière des bois humides, Wagnonville, Cuincy, etc. Juin, juillet.

158. Olivana. Tr. — T. C. Prairies humides à la lisière du bois de Flines (côté des bruyères). Juin.

159. Arcuella. Cl. *Arcuana*. L. — C. Dans tous les bois. Juin, juillet.

160. Rivulana. Sc. *Conchana*. Hb. — A. C. Fonds tourbeux des glacis. Août.

161. Urticana. Hb. — C. Bois de Flines. Endroits frais et clair-semés. Juin.

162. Lacunana. Dup. — Pullule dans toutes les prairies de mai à juillet.

163. Cespitana. Hb. — A. C. Bois de Flines, intérieur des taillis, où elle vole en compagnie de *Urticana*.

164. Achatana. F. — C. Dans les haies et buissons d'aubépine. Juin.

165. Trifoliana. H. S. — R. Glacis, prairies humides du bois de La Placette, etc. Juin.

166. Antiquana. Hb. — A. C. Bois humides, glacis. Chenille dans les racines de la *Stachys sylvatica*. Juin, juillet. Au réflecteur.

### G. ASPIS. Tr.

167. Uddmanniana. L. — A. C. Dans tous les bois en battant les ronces dont les pousses nourrissent sa chenille. Juin, juillet.

### G. APHELIA. Stph.

168. Lanceolana. Hb. — Pullule dans toutes les prairies et aux lisières des bois marécageux. Mai, juin.

### G. LOBESIA. Gn.

169. Permixtana. Hb. — Bois de Flines et de Faumont. Assez commune en battant les pins, où elle aime à se réfugier. Juin.

### G. GRAPHOLITHA. Tr.

170. Expallidana. Hw. — R. Glacis et bois humides. Au réflecteur. Juin, juillet.

171. Hohenwartiana. Tr. — C. Dans toutes les prairies, glacis, sur les centaurées. Juin, juillet.

172. Carduana. Gn. — A. C. Dans tous les endroits plantés de chardons. Juillet.

173. Cæcimaculana. Hb. — T. C. Dans toutes les prairies. Juin, août.

174. Subocellana. *Campoliliana.* Tr. — C. Dans tous les bois frais en battant les saules-marceaux. Mai, juin.

175. Nisella. Cl. — T. C. Partout. Glacis, routes, sur le tronc des bois-blancs, saules et peupliers. Juin, juillet.

176. Penkleriana. F. R. — Pullule dans tous les bois d'aulnes. Juin.

177. Ophthalmicana. Hb. — R. Bois de Wagnonville. Un seul exemplaire en battant les buissons. Septembre.

178. Solandriana. L.—R. Bois humides. Wagnonville, Médole, etc. Août, septembre.

V<sup>té</sup> *Trapezana*. F. — Plus commune que le type, au bois de Wagnonville. Lisière du bois, le long de l'Escrebieux.

V<sup>té</sup> *Sinuana*. Hb. — R. Un seul exemplaire. Wagnonville.

179. Sordidana. Hb. — T. C. Dans tous les bois frais, en battant les buissons d'aulnes. Septembre, octobre.

180. Bilunana. Hw. — A. R. Bois secs. Tronc des bouleaux. Flines. Juin.

181. Tetraquetrana. Hw. — Bois de Flines, où il abonde en battant les taillis. Mai, juin.

182. Immundana. F. R.—A. C. Bois de Flines, où il vole en compagnie de *Penkleriana*. Juin.

183. Similana. Hb.—A. R. Dans tous nos bois. Juillet.

184. Suffusana. Z.   ⎰ C. Dans les jardins, parcs,
185. Tripunctana. F. ⎱ bosquets, etc. Chenille sur les rosiers. Juin.

186. Cynosbana. F. *Roborana*. Fr.—R. Dans les bois secs. Juin.

187. Tetragonana. Stph. — P. C. Bois herbus. Dans les allées. Juin, juillet.

188. Brunnichiana. Frl. — R. Parties marécageuses du bois de Flines. Juillet.

189. Foenella. L. *Fœneana*. Tr.—P. C. Glacis, endroits secs, dans les touffes d'*Artemisia vulgaris*.

190. Citrana. Hb. — R. Dans les glacis, sur les talus. Chenille sur l'*Achillea millefolium*. Juin.

191. Hypericana. Hb. — C. Glacis et bois, où poussent les *Hypericum*. Prairies du bois de La Placette, Médole, etc. Juin.

192. Albersana. Hb.—R. Dans les buissons de chèvre-feuille, bois frais. Mai, juin.

193. Micaceana. Const. — R. Talus du bois de Bugnicourt. Juin.

194. Succedana. Froel. — C. La Placette, Flines, etc. En battant les aulnes et les saules-marceaux. Buttes du bois de Bugnicourt, dans les bruyères.

195. Woeberiana. Schiff. — A. C. Dans les jardins, vergers, sur le tronc des arbres fruitiers. Juin.

196. Compositella. F. *Gundiana*. Hb. — T. C. Lisière des bois, prairies, le long des fossés, sur les touffes de l'*Achillea millefolium*. Mai, juin.

197. Aurana. F. — Autrefois commun dans nos glacis, où il volait par essaims autour des buissons. Rare aujourd'hui. Juin, juillet.

G. CARPOCAPSA. Tr.

198. Pomonella. L. *Pomonana*. Schiff. — Dans les vergers. Tronc des arbres fruitiers. Mai, juin. Chenille dans les jeunes fruits des pommiers, poiriers, etc. qu'elle fait tomber.

199. Splendana. Hb.—R. Obtenu des fruits du châtaignier. Juin.

G. PHTHOROBLASTIS. Ld.

200. Argyrana. Hb.—T. C. Tronc des chênes dans tous nos bois secs. Avril, mai.

201. Plumbatana. Z. — A. C. Bois de Flines. Tronc des hêtres. Juin.

202. Regiana. Z. — R. Routes, glacis, sur le tronc des ormes et des bois-blancs. Juin.

203. Flexana. Z. *Vigeliana*. H. S. — Pullule sur les taillis de chênes. Bois de Flines, Faumont, etc. Juin, juillet.

204. Rhediella. Cl. — A. R. Dans les jardins, vergers, tronc des arbres fruitiers. Mai.

### G. TMETOCERA. Ld.

205. Ocellana. F. — C Routes, sur le tronc des peupliers et des bois-blancs. Vergers, tronc des poiriers. Juin, juillet.

V^té *Laricana*. Zeller. — Avec le type et un peu plus rare.

### G. STEGANOPTYCHA. H. S.

206. Incarnana. Hw. *Dealbana*. Froel. — T. C. Routes et allées des bois, sur le tronc des peupliers. Juin.

207. Neglectana. Dup. — A. C. Mêmes localités que *Incarnana*. Tronc des saules. Juin.

208. Oppressana. Tr. — Partout. Tronc des ormes et des peupliers. Juin.

209. Corticana. Hb. — T. C. Tronc des peupliers, chênes, ormes, etc. Juin.

210. Nanana. Tr. — Chenille assez commune sur les pins, sous une petite toile blanche entre les aiguilles. Tous les bois. Insecte parfait plus rare. Juin.

211. ERICETANA. H. S. — R. Bois de Flines. Endroits arides, dans les bruyères. Juin.

212. QUADRANA. Hb. — A. C. Localisée sur les pentes du bois de La Placette. Juin.

213. TRIMACULANA. Don. — Pullule partout, en battant les jeunes ormes. Juin, juillet.

214. MINUTANA. Hb. — C. Routes plantées de peupliers, sur le tronc de ces arbres. Espèce très variable pour le dessin et pour la coloration. Juin, juillet.

### C. PHOXOPTERYX. Tr.

215. MITTERBACHERIANA. Schiff. — T. C. Bois de Flines, Faumont, en battant les taillis de chênes. Mai, juin.

216. LÆTANA. F. *Harpana.* Hb. — A. C. Dans tous les bois frais, humides, en battant les buissons, les lisières. Mai, juin.

217. DIMINUTANA. Hw. — R. Bois de Wagnonville, dans les clairières. Glacis. Mai, juin.

218. UNCANA. Hb. — R. Parties arides du bois de Flines, dans les bruyères. Juin.

219. SICULANA. Hb. — T. C. Bois de Flines, où pousse abondamment le *Vaccinium myrtillus*, sur lequel se nourrit sa chenille. Mai, juin.

220. DERASANA. Hb. — Plus ou moins commun selon les années. Bois de Flines. Mêmes localités que *Siculana.* Mai, juin.

### G. RHOPOBOTA. Ld.

221. NÆVANA. Hb. —. C. En battant les buissons, bosquets, etc. Bois et parc de Wagnonville. Chenille polyphage. Août.

### G. DICHRORAMPHA. Gn.

222. PETIVERELLA. L. — Abonde dans toutes les prairies, sur les talus, où il vole sur les touffes d'*Achillea millefolium*. Mai, juin.

223. ALPINANA. Tr. — Presque aussi commun que *Petiverella*. Endroits secs, talus, routes, etc. Juin.

224. AGILANA. Tgstr. — P. R. Lisière du bois de Flines. Prairies du bois de La Placette. Talus très-secs des glacis, où il vole sur les touffes d'*Hieracum*. Mai, juin.

225. PLUMBAGANA. Tr. — R. Dans nos glacis. Talus, etc. En fauchant sur les fleurs. Juin.

226. ACUMITANA. Z. ⎰ T. C. Prairies, talus, routes, le
227. PLUMBANA. Sc. ⎱ long des fossés, des champs, etc.
Mai, juin.

---

## TINEINA.

### Choreutidæ.

### G. CHOREUTIS. Hb.

228. MYLLERANA. F. — T. R. Un seul exemplaire capturé sur un talus dans nos glacis, par M. Blind. Août.

### G. SIMÆTHIS. Leach.

229. PARIANA. Cl. — C. Un peu partout, sur les orties, chèvre feuilles, dans les haies, en juin ; en septembre sous les toits de chaume, où il va se réfugier.

230. OXYACANTHELLA. L. — T. C. Le long des murailles, des routes, etc., où pousse abondamment l'ortie. Mai, septembre.

### Talæporidæ.

#### G. TALÆPORIA. Hb.

231. Pseudobombycella. Hb.—Fourreau assez commun sur les arbres à écorce lisse, hêtres, platanes, etc. Insecte parfait plus rare. Juin. Tous les bois.

232. Conspurcatella. Z. — R. Bois de Flines. Vole au soleil dès les premiers beaux jours de février-mars.

#### G. SOLENOBIA. Z.

233. Pineti. Zeller. *Lichenella*. Brd., et *Femelle Parthenogenetica.* — Fourreau sur le tronc des ormes, hêtres, frênes, etc., et sur les vieilles murailles exposées au nord. Difficile à découvrir. Insecte *mâle* très-rare. Mai.

### Tincidæ.

#### G. XYSMATODOMA. Z.

234. Melanella. Hw. Fourreau très-commun sur le tronc de tous les arbres, bois et glacis. Insecte parfait plus rare. Juin.

#### G. BLABOPHANES. Z.

235. Ferruginella. Hb. — R. Çà et là. Chenille vit aux dépens des lainages. Juin

236. Rusticella. Hb. — T. C. Partout. Juin. Chenille vit aux dépens des tapis, peaux, etc.

#### G. TINEA. Z.

237. Tapetzella. L. — P. C. Partout. Chenille dans un fourreau sur les fourrures. Juin.

238. Arcella. F. — R. Dans les bois. Chenille dans le bois pourri. Juin.

239. GRANELLA. L. — C. Chenille dans une toile. Vit de graines et de conserves diverses. Juin.

240. CLOACELLA. Hw. — A. C. Obtenu un bon nombre d'exemplaires d'un kilo de vieilles pommes tapées (pommes desséchées et pressées). Juin.

241. FUSCIPUNCTELLA. Hw. *Spretella*. Stt.—C. Chenille vit de débris de toute espèce. Juin.

242. PELLIONELLA. L. — A. C. Chenille vit aux dépens des étoffes, plumes, etc. Juin.

243. LAPELLA. Hb. — P. R. Dans tous les bois, glacis, etc. Obtenu une dixaine d'exemplaires d'un vieux nid de pinson. Juin.

244. SEMIFULVELLA. Hw.— R. Bois et glacis. Quelques exemplaires sur le tronc des arbres et au réflecteur. Chenille dans les vieux nids d'oiseau. Juin.

### G. TINEOLA. H. S.

245. BISELLIELLA. Hml. — T. C. Chenille vit surtout aux dépens de nos habillements ; attaque également les collections entomologiques. Juin, juillet.

### G. LAMPRONIA. Stph.

246. MOROSA. R. — Insecte parfait assez rare. Chenille dans les bois et jardins, dans les bourgeons des rosiers Juin.

247. FLAVIMITRELLA. Hb. — A. R. Lisière du bois de Bugnicourt, en battant les touffes de ronces. Gœulzin. Mai, juin.

248. PRÆLATELLA. Schiff. — A. R. Allées des bois, dans les ronces, etc. Juin, juillet. Wagnonville, etc.

### G. INCURVARIA. Hw.

249. Muscalella. F. — T. C. Bois de chênes, Flines, Faumont, Gœulzin, etc. Mai.

250. Pectinea. Hw. *Zinckenii*. — Aussi commune. Mêmes localités, sur les taillis et endroits plantés de bouleaux. Mai.

251. Tenuicornis. Stt. — Bois de Flines, glacis, tronc des frênes. Fin mai.

252. Capitella. Cl.—A. R. Vergers, etc., chenille dans l'extrémité des pousses de groseillers. Juin.

253. Œhlmanniella. Tr. — A. C. Endroits humides et ombragés des bois plantés d'aulnes. Juin.

### G. NEMOPHORA. Hb.

254. Swammerdamella. L. — Abonde dans tous les bois. Endroits frais, ombragés. Juin.

### Adelidæ.

### G. ADELA. Latr.

255. Fibulella. F. — Glacis et bois de Bugnicourt où elle est assez commune. Mai, juin. Chenille sur la *Veronica chamædris*.

256. Rufimitrella. Sc. *Frischella*. Hb. — A. C. Prairies et lisières des bois humides, en fauchant sur les fleurs. Mai, juin.

257. Degeerella. L. — Abonde dans tous nos bois, où elle vole en nombre au-dessus des taillis et autour des fleurs de ronce. Juin.

258. Viridella. Sc. — Pullule dans tous les bois de hêtre et dans les taillis de noisetier. Mai.

### G. NEMOTOIS. Hb.

259. Metallicus. Poda. *Scabiosellus*. Sc. — C. Sur les fleurs des scabieuses. Talus des glacis, etc. Juillet, août.

260. Fasciellus. F. *Schiffermillerella*. Schiff. — T. R. A été prise une seule fois dans nos glacis. Volait en nombre autour d'un buisson de sureau. Juillet.            •

### Ochsenheimeridæ.

### G. OCHSENHEIMERIA. Hb.

261. Vacculella. F. R. — R. Au pied des touffes de graminées. Septembre.

### Acrolepidæ.

### G. ACROLEPIA. Curt.

262. Assectella. Z. — C. Jardins potagers. Dans les plants d'oseille. Septembre, octobre.

263. Pygmæana. Hw. — A. C. Bois humides, Wagnonville, Cuincy, etc. Mai, juin. Chenille mine les feuilles des *Solanées*.

### Hyponomeutidæ.

### G. HYPONOMEUTA. Z.

264. Vigintipunctatus. Ratz. — A. R. Dans les haies en battant les taillis, Flines, etc. Mai.

265. Plumbellus. Schiff. — C. Bois frais. Wagnonville et Cuincy. Chenille sur l'*Evonymus Europæa*.

266. Padellus. L. *Variabilis*. Z. — C. Partout. Haies, bois, endroits plantés d'aubépines et de prunelliers sur lesquels vit sa chenille. Juin, juillet.

7

267. Malinellus. Z. — A. R. Mêmes localités. Juin, juillet.

268. Cognagellus. Hb. *Cognagella*. Tr. *Evonymella*. Sc. —T. C. Chenille sur le fusain. Juin.

269. Evonymellus. L. *Padi*. L. — T. C. Chenille sur les cerisiers, etc. Juin, juillet.

### G. SWAMMERDAMIA. Hb.

270. Combinella. Hb. *Apicella*. Don. — R. Dans les bois et en battant les buissons de bouleaux, haies de prunellier, etc. Juin.

271. Heroldella. Tr. *Cæsiella*. Hb. — A. C. Bois de Flines, en battant les bouleaux. Juin.

272. Pyrella. Villers. *Cerasiella*. Hb. — C. Vergers, tronc des poiriers, cerisiers, haies d'aubépine et de prunellier. Juin.

### G. PRAYS. Hb.

273. Curtisellus. Don. — A. C. Bois de frênes. Wagnonville et Cuincy. Chenille dans les bourgeons de cet arbre. Juin.

V^te *Rustica*. Hw. — Plus rare que le type. Mêmes localités et époque. Glacis.

### G. ATEMELIA. H. S.

274. Torquatella. Z. — A. C. Bois de Flines, parties plantées de bouleaux. Pas rare en fauchant les herbes dans leur voisinage. Mai.

### G. ARGYRESTHIA. Hb

275. Ephippella. F. — C. Partout. Dans les bois, haies de prunellier, d'aubépine, etc. Juin, juillet, septembre.

276. NITIDELLA. F. — R. Mêmes localités que *Ephippella*. Juin, juillet.

277. RETINELLA. Z. — C. Bois de Flines et de Faumont, en battant les taillis de bouleaux. Juin, juillet.

278. ABDOMINALIS. Z. — R. Bois de Wagnonville. En battant les cyprès et les genèvriers du parc. Juin, juillet.

279. GOEDARTELLA. L. — A. C. Dans les bois, tronc des bouleaux. Juin, juillet.

280. BROCKEELLA. Hb. — A. C. Dans tous les bois ; se prend en compagnie de *Gœdartella*.

### G. CEDESTIS. Z.

281. GYSSELENIELLA. Dup. — A. C. Bois de Flines dans les sapinières. Juin.

282. FARINATELLA. Dup. — R. Mêmes localités, et bois de Wagnonville. Juin.

### G. OCNEROSTOMA. Z.

283. PINIARIELLA. Z. — T. C. Dans tous les bois, en battant les *Pins sylvestres*. Mai.

## Plutellidæ.

### G. PLUTELLA. Schrk.

284. PORRECTELLA. L. — C. Jardins potagers. Chenille sur le poireau. Juin.

285. CRUCIFERARUM. Z. — T. C. Dans toutes les prairies. Glacis, etc. Juin, juillet.

### G. CEROSTOMA. Ltr.

286. VITTELLA. L. — A. R. Routes. Tronc des vieux ormes. Juillet.

287. Parenthesella. L. *Costella*. F. — Dans tous nos bois, mais peu commune. Chenille sur le hêtre. Juin, juillet.

288. Sylvella. L. — R. Bois de Faumont, en battant les taillis et sur le tronc des arbres. Juillet.

289. Scabrella. L. — R. Un seul exemplaire, bois de Wagnonville. Septembre.

290. Xylostella. L. — C. Bois, haies, buissons de chêvrefeuille, sur lequel sa chenille se nourrit. Juin, juillet.

### Orthotælidæ.

#### G. ORTHOTÆLIA. Stph.

291. Sparganella. Thnb. — A. R. Marais, glacis, etc. Chenille dans un tube sous les feuilles de *Sparganium*. Chrysalide dans la tige. Juillet.

### Chimabacchidæ.

#### G. DASYSTOMA. Crt.

292. Salicella. Hb. — T. C. Bois de Flines, Faumont, etc. Vole le jour dans les taillis. Octobre. *Femelle* aptère, rare.

#### G. CHIMABACCHE. Z.

293. Fagella F. — C. Partout sur le tronc des arbres. Mars.

Ab. *Dormoyella*. Dup. — Beaucoup plus rare que le type.

### Gelechidæ.

#### G. SEMIOSCOPIS. Hb.

294. Avellanella. Hb. — R. Bois secs. Flines, Gœulzin. Mars.

### G. DEPRESSARIA. Hw. (1)

295. Costosa. Hw. — A. R. Wagnonville, La Placette, Bugnicourt, etc. Chenille sur le genêt à balais. Septembre.

296. Flavella. Hb. *Liturella*. Tr. — T. C. Dans toutes les prairies, haies, etc. Chenille sur les centaurées. Juin, juillet.

297. Pallorella. Z. — A. R., et souvent confondue avec *Flavella*. Chenille sur les scabieuses. Août.

298. Assimilella. Tr. — R. Prairies de La Placette, monts de Bugnicourt. En battant les genêts, dont se nourrit sa chenille.

299. Atomella. Hb. — A. R. Bois, dans les meules, etc. Juillet, août.

300. Arenella. Schiff. — T. C. Prairies, etc. Chenille sur les centaurées. Août, octobre.

301. Propinquella. Tr. } T. C. En battant les gran-
302. Subpropinquella. Stt. } ges, toits de chaume, etc. Wagnonville. Chenille sur les centaurées. Août, octobre.

303. Laterella. Schiff. — R. Mêmes localités. Septembre.

304. Yeatiana. F. — T. C. Dans tous les bois frais, en battant les fagots, les cyprès, etc.

305. Ocellana. F. — R. Routes, glacis, etc. Chenille sur les pousses de saules, qu'elle réunit en paquet. Juin.

306. Purpurea. Hw. — T. C. Partout. Bois et prai-

---

(1) Il est facile de se procurer un grand nombre d'espèces de ce genre en battant les toits de chaume, les meules, en secouant les fagots déposés dans les bois, etc. Les *Depressaria* vont y chercher un refuge.

ries. Chenille dans les ombelles de la carotte. Mars, octobre.

307. Liturella. Hb. *Hypericella* Tr. — R. Prairies de Médole et de La Placette. Chenille à l'extrémité des pousses d'*Hypericum*, qu'elle réunit en paquet. Juin, juillet.

308. Conterminella. Z. — A. C. Partout. Chenille sur le saule. Mars, avril.

309. Applana. — Pullule depuis août jusqu'en octobre, hiverne et reparaît en mars. Chenille sur le *Chærophyllum bulbosum*.

310. Ciliella. Stt. — A. R. Bois de Wagnonville. Chenille sur l'*Angelica sylvestris*. Juillet.

311. Cnicella. Tr. — R. Champs, glacis, etc. Chenille dans un tube sur l'*Eryngium campestre*.

312. Pimpinellæ. Z. — R. Pris quelques exemplaires au bois de La Placette, en battant les haies, etc. Octobre.

313. Discipunctella. H. S. — A. R. Glacis. Prairies, toits de chaume, etc. Septembre.

314. Ultimella. Stt. — A. C. Mêmes localités. Wagnonville, La Placette, etc. Septembre, octobre.

315. Albipunctella. Hb. — R. Wagnonville. Chenille sur *Anthriscus sylvestris*. Septembre.

316. Chærophylli. Z. — A. R. Chenille dans l'ombelle du *Chærophyllum temulentum*. Août, septembre.

317. Nervosa. Hw. — A. C. Bois et lisière des bois humides. Wagnonville, Cuincy, etc. Chenille sur la ciguë aquatique. Septembre.

318. Absynthiella. H. S. — R. Parc du bois de Wagnonville. Jardins, etc. Chenille sur l'*absynthe*.

## G GELECHIA. Z.

319. Vilella. Z. — R. Bois de La Placette, Flines, etc. Tronc des arbres, en battant les meules. Octobre.

320. Pinguinella. Tr. *Turpella*. H. S. — C. Routes, sur le tronc des peupliers et des bois blancs. Juin, juillet.

321. Nigra. Hw.— R. Routes et allées plantées de peupliers. Juin.

322. (1) Ericetella. Hb. — T. C. Bois de Flines, dans les bruyères. Juin.

323. Scalella. Sc. — P. R. Tronc des chênes et des hêtres. Bois de Faumont, de Flines, etc. Juin.

## G. BRACHMIA. Hein.

324. Mouffetella. Schiff. *Pedisequella*. Hb.— R. Dans les haies et buissons de chèvrefeuille, sur lequel se nourrit sa chenille. Juin. Bois de La Placette, etc.

## G BRYOTROPHA. Hein.

325. Terrella. Hb. — C. Prairies humides, endroits tourbeux, glacis, bois de La Placette, Médole, etc. Juin, juillet.

326. Decrepidella. H. S. — C. Aime à se réfugier dans les granges, toits de chaume, etc. Juin, juillet.

327. Affinis. Dgl. — T. C. Mêmes mœurs, greniers des habitations, toits de chaume, etc. Juin, juillet.

328. Basaltinella. Z. — A. R. Mêmes mœurs que *Decrepidella*. Juillet.

---

(1) On prend aussi communément que le type, une variété à ailes supérieures très-pâles, presque blanchâtres, semblable au type d'Angleterre. Mêmes localités.

### G. LITA. Tr.

329. Tussilaginella. Hn. — R. Glacis, endroits tourbeux. Juin.

330. Acuminatella. Sirc. — C. En battant les touffes
de chardons. Toits de chaume, etc. Wagnonville. Juin,
juillet

### G. TELEIA. Hein.

331. Vulgella. Hb. — C. Dans les haies d'aubépine.
Juin, juillet.

332. Fugitivella. Z. — A. C. Routes, sur le tronc des
peupliers et des bois-blancs. Juin.

333. Humeralis. Z. — Plus rare que *Fugitivella*. Mêmes mœurs. Juin.

334. Proximella. Hb. — T. C. Bois de Faumont, Flines, Gœulzin, etc. Chenille sur le bouleau. Juin, juillet.

335. Triparella. Z. — Mêmes localités et presque aussi
commune. Chenille sur le chêne. Juin, juillet.

336. Luculella. Hb. — Partout. Bois et glacis, sur le
tronc des arbres. Juin, juillet. Très commune.

### G. RECURVARIA. H. S.

337. Leucatella. Cl.—A. C. En battant les haies d'aubépine. Juin, juillet.

338. Nanella. Hb. — T. C. Jardins et vergers. Tronc
des poiriers. Juin, juillet.

### G. POECILIA. Hein.

339. Albiceps. Z. — A. R. Glacis, bois, routes. Tronc
des ormes. Juin, juillet.

### G. PARASIA. Dup.

340. LAPPELLA. L. — A. C. Bois humides. Wagnonville, Cuincy, etc. Chenille dans les semences de *Bar-
dane*. Juin, juillet.

341. CARLINELLA. Stt. — R. Mêmes localités. Au réflecteur. Juillet.

### G. ERGATIS. Hein.

342. ERICINELLA. Dup. — T. C. Bois de Flines, dans les
bruyères. Août.

### G. MONOCHROA. Hb.

343. TENEBRELLA. Hb. — A. R. En fauchant dans les
prairies, sur les talus, etc. Glacis. Juin, juillet.

### G. ANACAMPSIS. Curt.

344. ANTHYLLIDELLA. Hb.— P. C. Prairies, glacis, parc
de Wagnonville. Chenille sur *Anthyllidis vulneraria*.
Juin.

345. VORTICELLA. Sc. — R. Glacis. Endroits tourbeux.
Juin.

346. OBLIQUELLA. Ragonot. — R. Un seul exemplaire
dans nos glacis. Juin.

### G. TACHYPTILIA. Hein.

347. POPULELLA. Cl. — T. C. Routes et allées plantées
de peupliers et de bois-blancs.
Dans les bois sur le tronc des
bouleaux, mais plus rare.
Juin, juillet.

V^té *Tremulella*. Dup. — Avec le type et aussi commune.

### G. BRACHYCROSSATA. Hein.

348. Cinerella. Cl. — R. Dans les bois, bosquets, taillis, etc. Août.

### G. YPSOLOPHUS. F.

349. Fasciellus. Hb. — A. R. Bois de Flines, Faumont, Médole, etc. Vole le soir dans les allées des bois. Chenille sur la ronce. Juin.

### G. PLEUROTA. Hb.

350. Bicostella. Cl. — A. C. Parties arides des bois de Flines, dans les bruyères. Juin, juillet.

### G. CARCINA. Hb.

351. Quercana. F. — T C. Partout. Bois et vergers. Juin, juillet.

### G. ENICOSTOMA. Stph.

352. Lobella. Schiff. — R. Vergers, jardins. Chenille sur les pêchers en espalier. Juin, juillet.

### G. HARPELLA. Schrk.

353. Forficella. Sc. *Proboscidella*. Slz. — A. R. Tronc des vieux saules. Chenille dans leur bois pourri. Juin.

### G. DASYCERA. Hw.

354. Sulphurella. F. — A. C. Un peu partout. Chenille dans les vieux bois. Juin.

355. Oliviella. F. — Beaucoup plus rare que *Sulphurella*. Mêmes mœurs. Juin.

### G. OECOPHORA. Z.

356. Unitella. Hb. } A. C. Dans les bois, glacis,
357. Tinctella. Hb. } haies, etc. Juin, août.

. 358. Fuscescens. Hw. — R. Un seul exemplaire dans nos glacis, sur le tronc d'un peuplier. Juin.

359. Augustella. Hb. — R. Routes sur le tronc des arbres. Frênes, peupliers, etc. Juin.

360. Luctuosella. Dup.—A. C. Mêmes localités. Flines, glacis, etc. Juin.

361. Minutella. L. — C. Jardins potagers. Toits de chaume et dans les greniers, où je l'ai prise souvent en compagnie de *Bryotopha affinis*. Juin.

362. Lunaris. Hw. — T. C. Dans nos glacis, sur le tronc des ormes et des peupliers. Juin, juillet.

### G. OEGOCONIA. Stt.

363. Quadripuncta. Hw. — Un peu partout et assez rare. Dans les bois, intérieur des habitations, etc. Chenille vit de débris de toute espèce. Juillet.

## Glyphipterygidæ.

### G. GLYPHIPTERYX. Hb.

364. Thrasonella. Sc. — Pullule dans tous les endroits marécageux parmi les joncs. Juin.

365. Forsterella. F. *Oculatella*. Z. — R. Allées humides du bois de Faumont, en fauchant sur les fleurs. Juin.

366. Fischerella. Z.—T. C.—Bois humides et prairies, sur les fleurs. Mai, juin.

## Gracilaridæ.

### G. GRACILARIA. Z.

367. Alchimiella. Sc. *Franckella*. Hb. — T. C. Dans tous les bois de chênes. Mai.

368. STIGMATELLA. F.—C. Glacis et bois humides. Chenille sur le saule. Mai, septembre.

369. HEMIDACTYLELLA. F. — A. C. Bois de Wagnonville et de Cuincy, en battant les sycomores. Rare ailleurs. Août, septembre.

370. FALCONIPENNELLA. Hb.—P. C. Dans tous nos bois. Chenille sur l'aulne. Mai. Juin.

371. ELONGELLA. L. — C. Dans tous les bois. Mêmes mœurs que *Falconipennella*. Mai, septembre.

372. TRINGIPENNELLA. Z. — C. Dans toutes les prairies humides. Chenille sur le plantain lancéolé. Mai, juin.

373. ROSCIPENNELLA. Hb.—A R. Quelques exemplaires en battant les toits de chaume. Chenille sur les *Chenopodium*. Septembre, octobre.

374. SYRINGELLA. F.—Pullule partout où il y a du lilas. Mai, juillet.

375. PHASIANIPENNELLA. Hb.—A. R. Dans nos bois secs. Dans les touffes de ronce. Octobre, novembre.

376. AUROGUTTELLA. Stph. —A. C. Bois et glacis. Chenille sur les *Hypericum*. Avril, mai.

377. ONONIDIS. Z.—R. Glacis, champs, etc. Chenille sur *Ononis spinosa*. Mai, juin.

### G. CORISCIUM. Z.

378. CUCULIPENNELLUM. Hb. — A. C. Bois, bosquets, dans les touffes de lierre, etc. Chenille sur le *troène*.

### G. ORNIX. Z.

379. PETIOLELLA. Frey. — Mine commune sur les jeunes pommiers. Août. Insecte parfait comme pour tous ceux du genre en avril, mai et juillet.

380. Torquillella. Z. — Mine abondante sur les prunelliers. Bois et glacis.

381. Anglicella. Stt. — Mine très-commune sur les haies d'aubépine.

382. Polygrammella. Wk. Abondante sur les buissons de bouleau. Bois secs.

383. Carpinella. Frey. — Commune dans les haies de charme. Wagnonville, etc.

384. Avellanella. Stt. — La plus répandue du genre. Sur les noisetiers.

385. Scoticella. Stt. — Rare. Obtenue de mines trouvées sur le *coignassier*. Parc de Wagnonville. Ne l'ai pas encore rencontrée sur le sorbier.

## Coleophoridæ.

### G. COLEOPHORA. Z.

386. Laricella. Hb. — Fourreau très-abondant parmi les aiguilles de mélèze. Bois de Wagnonville, de Cuincy, jardin botanique de Douai, etc. Insecte parfait en mai.

387. Badiipennella. Dup. — Fourreau très-commun sur les feuilles et sur le tronc des ormes. Juin, juillet.

388. Limosipennella. Dup. — T. C. Mêmes mœurs. Juin, juillet.

389. Cornuta. Stt. — A. R. Bois de Flines, fourreau sur les bouleaux ; y est plus commun en octobre sur le *Rhamnus frangula*. Insecte parfait en juin, juillet.

390. Ledi. Stt. — A. C. Fourreau sur bouleau, haies d'aupébine, trouvé également sur l'églantier, etc. Flines. Juin. Éducation difficile.

391. SOLITARIELLA. Z. — Fourreau sur la *Stellaria holostea*. Lisière des bois, dans les fossés, endroits abrités. Se trouve en nombre là où il est. Juin, juillet.

392. LUTIPENNELLA. Z.—Dans tous les bois de chênes. Fourreau très-commun. Juin, juillet.

393. FUSCEDINELLA. Z. — Partout où il y a de l'aulne dans les bois. Juin. Par l'éducation ce fourreau varie de forme ; plusieurs qui m'ont donné des résultats sont courbes, d'autres bosselés, au lieu d'être droit comme le fourreau typique.

394. VIMINETELLA. Z. — Partout sur les saules. Endroits humides. Juin, juillet.

395. GRYPHIPENNELLA. Bouché. — Dans les bois et dans les jardins sur le rosier. Fourreau assez commun. Juin, juillet.

396. MILVIPENNIS. Z. — Fourreau commun, surtout en octobre, sur les jeunes bouleaux. Juin, juillet.

397. NIGRICELLA. Stph. *Coracipennella*. Hb. — Sur les jeunes pommiers, et pommiers dans les haies. Juin, juillet.

398. PARIPENNELLA. Z.—Polyphage. Vit sur une infinité de plantes et d'arbustes. Juin, juillet.

399. ALBITARSELLA. Z. — Sur diverses espèces de menthes, sur le lierre terrestre, etc. Juin, juillet.

400. ALCYONIPENNELLA. Kollar. — A. C. sur les centaurées, talus. Juin, juillet.

401. HEMEROBIELLA. Sc. — C. Sur les poiriers, surtout ceux en espaliers. Juin, juillet.

402. ANATIPENNELLA. Hb. — A. C. Dans les bois humides, sur le saule-marceau. Juin, juillet.

403. IBIPENNELLA. Z. — C. Bois de Flines, sur les taillis de chênes. Juin, juillet.

404. PALLIATELLA. Zk. — A. R. Sur les taillis de bouleau, noisetier, chêne, charme, etc. Bois de Flines, juillet.

405. CURRICIPENNELLA. Z. — Dans tous les bois. Assez commun sur le chêne. Juin, juillet.

406. AURICELLA. F. — Bois de Flines, et talus des sablières du bois de La Placette. Assez abondant sur la *Betonica officinalis*. Juillet.

407. PYRRHULIPENNELLA. Z. — Bois de Flines. Sur la bruyère. Commun en fauchant. Juillet.

408. LIXELLA. Z. — Glacis sur les talus. Sur le *Thymus serpillum* dans le premier âge avec la fleur duquel elle se fait un fourreau ; plus tard sur les graminées. Difficile à trouver. Juillet.

409. LUGDUNIELLA. ? Stt. — Capturé quelques exemplaires dans les fonds de nos glacis, où pousse abondamment la *Vicia cracca*. Fin mai.

410. WOCKEELLA. Z. — R. Bois de Flines. Sur *Betonica officinalis*. Juillet.

411. TROGLODYTELLA. Dup. — Polyphage. Dans les prairies, sur les talus, le long des fossés, etc. Sur l'*Achillea millefolium*, les *Hieracum, Chrysantemum,* etc. Juillet.

412. LINEOLA. Hw. — Bois humides, Wagnonville et Cuincy. Glacis dans les fonds. Sur *Stachis sylvatica*. Très commune. Juillet.

413. ARGENTULA. Z. — Glacis, talus. Fourreau sur les fleurs desséchées de l'*Achillea millefolium*. Assez rare.

414. Virgaureæ. Stt. — Bois de La Placette. Fourreau dans les fleurs desséchées du *Solidago virgaurea.* Se fait un fourreau avec une aigrette de la fleur. Très commun, mais difficile à trouver et à élever.

415. Murinipennella. Dup. — Insecte parfait, pullule dans toutes les prairies en mai. Fourreau sur les aigrettes de la *Luzula pilosellæ.*

416. Cæspititiella. Z.—Fourreau très abondant sur les fleurs desséchées des joncs L'insecte vole en nombre en mai dans les marais et les bois marécageux plantés de joncs.

417. Laripennella. Zett. *Annulatella.* Tgstro. — P. C. Sur les ronces, dans les bois. Juillet.

### Lavernidæ.

### G. CHAULIODUS, Tr.

418. Chærophyllellus. Gœze. — R. Prairies, lisières des bois, etc. En fauchant dans les herbes. Juillet.

### G. LAVERNA Curt.

419. Fulvescens. Hw. *Epilobiella.* Schrk. — C. Partout, au bord des rivières, fonds des glacis, etc. Chenille sur les *Epilobium.* Mai, juin.

420. Decorella. Stph. — R. Pris quelques exemplaires en battant les toits de chaume en octobre. Wagnonville, La Placette.

421. Subbistrigella. Hw. — R. Fonds des glacis. Chenille comme pour toutes celles du genre sur les *Epilobium.* Juin.

### G. PERITTIA. Stt.

422. Obscurepunctella. Stt. — R. bois de Flines. En fauchant sous le taillis, en mars et en avril.

### G. ASYCHNA. Stt..

423. MODESTELLA. Dup. — C. Bois de Bugnicourt, etc.
Vole le jour dans les allées humides et à la lisière des bois.
Chenille sur la *Stellaria holostea*. Mai, juin.

## Elachistidæ.

### G. ENDROSIS. Hb.

424. LACTEELLA. Schiff. — T. C. Partout. Chenille vit
de débris de toute espèce. Mai, juillet.

### G. SCHRECKENSTEINIA. Hb.

425. FESTALIELLA. Hb. — R. Bois de Wagnonville. Au
réflecteur, commencement de juillet.

### G. HELIODINES. Stt.

426. ROESELLA. L. — A. R. Jardins potagers. Chenille
sous une toile verdâtre sur les épinards. Juin.

### G. STATHMOPODA. Stt.

427. PEDELLA. L. — A. C. Bois de Flines, dans les
aulnaies.

### G. BATRACHEDRA. Stt.

428. PRÆANGUSTA. Hw.—C. Routes, glacis, au pied des
peupliers et des bois-blancs. Juin, juillet.

429. PINICOLELLA. R. — Bois de Flines, dans les sapinières. Juin.

8

## G. HELIOZELA. H. S.

430. Sericiella. Hw. C. Tronc des hêtres et des chênes. Bois de Flines, Faumont et de Gœulzin. Mars, avril.

## G. ELACHISTA. Stt.

431. Albifrontella. Hb.—En fauchant dans les parties humides des bois. Wagnonville, Flines, Gœulzin. Glacis. Assez rare. Mai.

432. Poæ. Stt.—A. C. Marais et endroits très humides. Mai, juin.

433. Subnigrella. Dgl. — A. R. En fauchant sur les talus. Mai, juin.

434. Obscurella. Stt.—C. Endroits tourbeux. Mai, juin.

435. Cerusella. Hb. — T. C. Marais. Chenille mine la feuille de l'*Arundo phragmites*. Mai, juin.

436. Collitella. Dup. — R. fonds humides des glacis. Juin.

437. Rufocinerea. Hw. — A. R. Lisière des bois. Wagnonville. Mai, juin.

438. Argentella. Cl. *Cygnipennella*. Hb.—T. C. Dans toutes les prairies, en fauchant les *Luzula*.

## Lithocolletidæ.

### G. BEDELLIA. Stt.

439. Somnulentella. Z. — A. R. En battant les haies, où poussent des *Convolvulus*. Fin octobre.

### G. OENOPHILA. Stph.

440. V. FLAVUM. Hw. — R. Çà et là. Chenille dans les vieux bouchons. Mai.

### G. LITHOCOLLETIS. Z.

441. ROBORIS. Z. — Mine très commune sur le chêne, en octobre et novembre. Insecte parfait comme pour toutes les espèces de ce genre en mars, avril et mai.

442. AMYOTELLA. Dup.

443. HORTELLA. F. *Saportella*. Dup. } Mines abondantes sur le chêne.

444. CRAMERELLA. F. Dans tous nos bois.

445. TENELLA. Z. — T. C. Sur le charme, surtout dans les haies.

446. ALNIELLA. Z.—T. C. Larva: *Alnus glutinosa*. Tous les bois.

447. STRIGULATELLA. Z. — R. Obtenu un seul exemplaire. Larva : *Alnus glutinosa*. Wagnonville.

448. LAUTELLA. Z. — A. R. Larva : *Quercus robur*. Flines.

449. BREMIELLA. Frey. — Localisée. Talus des glacis. Larva : *Medicago sativa*.

450. ULMIFOLIELLA. Hb. — T. C. Larva : *Betula alba*. Flines, Faumont, etc.

451. SPINOLELLA. Dup.—R. Larva : *Salix caprea*. Wagnonville, etc.

452. VIMINETORUM. Stt.—T. C. Fonds des glacis. Larva: *Salix viminalis*.

**453. SALICICOLELLA.** Sirc. — C. Larva : *Salix caprea*. Wagnonville, etc.

**454. SALICTELLA.** Z. — **A. C.** Glacis. Larva : *Salix viminalis*.

**455. POMIFOLIELLA.** Z. — T. C. Larva : *Pyrus malus*. Wagnonville.

**456. CYDONIELLA.** Frey.—A. R. Larva : *Cydonia vulgaris*. Parc de Wagnonville.

**457. CERASICOLELLA.** H. S. —C. Larva, *Prunus cerasus*.

**458. SPINICOLELLA.** Stt. — A. C. Surtout dans les haies. Larva : *Prunus spinosa*.

**459. OXYACANTHÆ.** Frey.—T. C. Dans les haies. Larva : *Cratægus oxyacantha*.

**460. FAGINELLA.** Z. — T. C. Dans tous les bois. Larva : *Fagus sylvatica*.

**461. CORYLI.** Nicellii. — A. R. Larva : *Corylus avellanella*. Wagnonville et Cuincy.

**462. CARPINICOLELLA.** Stt. — T. C. Surtout dans les haies. Larva : *Carpinus betulus*.

**463. QUERCIFOLIELLA.** Z. — T. C. Dans tous les bois. Larva : *Quercus robur*.

**464. MESSANIELLA.** Z. — A. C. Glacis. Larva : *Carpinus betulus*.

**465. VIMINIELLA.** Stt. — R. Dans nos glacis. Larva : *Salix caprea*.

**466. CORYLIFOLIELLA.** Hw. — T. C. Dans les haies et buissons. Larva : *Cratægus oxyacantha*.

467. NICELLII. Stt. — A. C. Bois de Wagnonville et de Cuincy. Larva : *Corylus avellanella*.

468. FRŒLICHIELLA. Z.
469. STETTINENSIS. Nicelli.
470. KLEEMANNELLA. F.
} P. C. Dans tous les bois frais. Larva : *Alnus glutinosa*.

471. SCHREBERELLA. F. — A. R. Dans les bois. Larva : *Ulmus campestris*.

472. EMBERIZÆPENNELLA. Bouché. — T. C. Jardins, bois, etc. Larva : *Lonicera xylosteum*.

473. TRISTIGELLA. Hw. — T. C. Dans nos glacis. Bois de Cuincy. Larva : *Ulmus campestris*.

474. TRIFASCIELLA. Hw. — P. C. Dans les bois. Larva : *Lonicera caprifolium*.

475. COMPARELLA. Z. — C Bois, allées, routes, etc. Larva : *Populus alba* et *nigra*.

476. GENICULELLA. Ragonot. -- T. C. Bois de Cuincy et de Wagnonville. Larva : *Acer pseudo platanus*.

### G. TISCHERIA. Z.

477. COMPLANELLA. Hb. — C. Dans tous les bois de chênes. Mai, juin.

478. MARGINEA. Hw. — Aussi répandue dans les bois. Chenille mine les feuilles de la ronce. Mai, juin.

479. ANGUSTICOLELLA. Z. — R. Dans les bois et jardins. Chenille dans les bourgeons des rosiers. Mai.

## Lyonetidæ.

### G. PHYLLOCNISTIS. Z.

480. Suffusella. Z. — T. C. Tronc des peupliers, bois-blancs, ormes, etc. Chenille mine la surface des feuilles du peuplier et du bois-blanc. Avril, mai, octobre.

### G. CEMIOSTOMA. Z.

481. Laburnella. Stt. — T. C. Parcs des châteaux de Wagnonville et de Cuincy. Chenille mine le *faux-ébénier*. Avril, Mai.

482. Scitella. Z. — C. Vergers. Tronc des pommiers et des poiriers, dont elle mine les feuilles. Mai, juillet.

### G. BUCCULATRIX. Z.

483. Nigricomella. Z. — A. R. Dans les prairies, dans les herbes. Mai, juin.

Vté *Aurimaculella*. Stt. — Pullule dans les mêmes loca-lités. Chenille sur *Chrysanthemum leucanthemum*. Mai, juin.

484 Ulmella. Z. — A. C. Bois de Flines, Faumont, Gœulzin, etc. Tronc des chênes, sur la feuille desquels vit la chenille. Mai.

485. Cratægi. Z.—C. Wagnonville, Cuincy, glacis, etc. Chenille sur aubépine et orme. Mai.

486. Boyerella. Dup. — C. Routes et glacis. Tronc des vieux ormes. Mai. Chenille sur orme.

487. FRANGULELLA. Gœze. *Rhamnifoliella*. Tr. — C.
Dans tous les bois, Wagnonville excepté. Mai, juin. Chenille fait une mine circulaire sur le *Rhamnus frangula*.

488. THORACELLA. Thnbg. *Hippocastanella*. Dup. —
A. R. Allée des tilleuls du bois de Cuincy. Chenille sous la
feuille de cet arbre. Août.

489. CRISTATELLA. Z. — A. C. Glacis. Chenille sur
l'*Achillea millefolium*. Juin.

### Nepticulidæ.

#### G. OPOSTEGA. Z.

490. CREPUSCULELLA. Z.—A. C. Dans nos glacis. Endroits
tourbeux, Juin, août.

#### G. NEPTICULA. Z. (1)

491. POMELLA. Vaughan.—A. C. Wagnonville, vergers,
etc. Larva : *Pyrus malus*.

492. PYGMÆELLA. Hw. — T. C. Dans les haies. Larva :
*Cratægus oxyacantha*.

493. RUFICAPITELLA. Hw. ⎰ C. Dans tous nos bois.
494. ATRICAPITELLA. Hw. ⎱ Larva : *Quercus robur*.

---

(1) Comme pour les espèces du genre *Lithocolletis*, les mines sont plus
abondantes et d'une recherche plus facile en septembre et octobre, qu'en
toute autre saison. Les insectes éclosent en mars et avril. En disant commune, je parle de la mine, car les Nepticula, vu leur extrême petitesse qui
n'excède pas deux à trois millimètres, échappent facilement aux yeux, et
sont rares par ce fait.

495. Tiliæ. Frey. — Très localisée. Ne se trouve qu'au bois de Cuincy. Larva : *Tilia Europæa.* Mine très commune.

496. Anomalella. Gœze. — Abondante sur tous les rosiers. Bois et jardins.

497. Viscerella. Stt. — R. Glacis, routes, etc. Larva : *Ulmus campestris.*

498. Aucupariæ. Frey. — A. R. Bois de Flines et de Gœulzin.[Larva : *Sorbus aucuparia.*

499. Oxyacanthella. Stt.—C. Dans les haies et vergers. Larva : *Cratægus oxyacantha*, et *Pyrus malus.*

500. Nitens. Fologne. — R. Glacis, endroits secs et abrités. Bois de Wagnonville à la lisière du parc. Larva : *Agrimonia eupatorium.*

501. Gratiosella. Stt.—Rare. Larva : *Cratægus oxyacantha.* Dans les haies.

502. Splendidissimella. H. S. — C. Bois de Wagnonville, endroits ombragés. Larva : *Rubus fruticosus.*

503. Aurella. Stt.—T. C. Partout, bois et glacis. Larva : *Rubus fruticosus.*

504. Ulmivora. Hein. — A. C. Routes, glacis, etc. Larva : *Ulmus campestris.*

505. Prunetorum. Stt. — C. Talus du bois de La Placette. Larva : *Prunus spinosa.*

506. Marginicolella. Stt. — T. C. Partout, routes, bois, etc. Larva : *Ulmus campestris.*

507. ALNETELLA. Stt. — A. R. Bois frais, Cuincy, La Placette, etc. Larva : *Alnus glutinosa.*

508. CENTIFOLIELLA. Z. — A. R. Jardin botanique, etc. Larva : *Rosa centifoliella.*

509. MICROTHERIELLA. Stt. — T. C. Dans les haies et dans les bois. Larva: *Corylus avellanella*, et *Carpinus betulus.*

510. BETULICOLA. Stt.—T. C. Dans les bois secs. Larva: *Betula alba.*

511. PLAGICOLELLA. Stt. — P. R. Dans les haies et endroits abrités. Larva : *Prunus spinosa.*

512. GLUTINOSÆ. Stt.— C. Bois de La Placette, Cuincy, etc. Larva : *Alnus glutinosa.*

513. ARGENTIPELLEDA. Z. — R. La Placette, Flines, etc. Larva : *Betula alba.*

514. TITYRELLA. Stt.—T. C. Dans tous les bois. Larva : *Fagus sylvatica.*

515. FREYELLA. Heyd. — A. R. Parc de Wagnonville. Talus des glacis. Endroits secs. Larva : *Convolvulus arvensis.*

516. ANGULIFASCIELLA. Stt. — A. C. Dans les bois et dans les haies. Education difficile. Larva : *Rosa canina.*

517. RUBIVORA. Wk. — Localisée. Très-commune au bois de Wagnonville et dans nos glacis. Endroits humides Education très-difficile. Larva : *Rubus fruticosus.*

518. MYRTILLELLA. Stt. — P. R. Bois de Flines et de

Gœulzin, endroits abrités. Larva : *Vaccinium myrtillus.*
Délicate à élever.

519. Salicis. Stt.. — C. Bois et glacis. Larva : *Salices.*

520. Floslactella. Hw. — A. C. Dans les baies. Wagnonville, etc. Larva : *Carpinus betulus.*

521. Septembrella. Stt. — Localisée, et commune là où elle est. Glacis. Prairies de Médole et de La Placette. Larva : *Hypericum perforatum.*

522. Trimaculella. Hw. — T. C. Routes, bois, glacis, etc. Larva : *Populus nigra, et alba.*

523. Subbimaculella. Hw. — C. Dans les bois de chênes. Flines, La Placette, etc. Larva : *Quercus robur.*

524. Turbidella. Z. — C. Glacis. Larva : *Populus alba.* (Buissons provenant des vieilles souches.)

## Micropterygina.

### G. MICROPTERYX. Hb.

525. Calthella. L.—C. Bois de Cuincy et de Wagnonville, le long des fossés et cours d'eau. Dans les fleurs des joncs. Mai, juin.

526. Aruncella. Sc. — C. Bois de La Placette. Dans les fleurs des genêts. Mai, juin.

527. Fastuosella. Z. — T. C. Bois secs, Flines, Gœulzin, Faumont, etc. Chenille sur le noisetier. Mai, juin.

528. Subpurpurella. — Hw. { A. C. Mêmes bois. Che-
529. Purpurella. Hw. { nille sur le chêne. Mai.

## Pterophorina.

### G. PLATYPTILIA. Hb.

530. BERTRAMI. Rœssl. — A. C. Glacis. Très-localisé. Chenille sur l'*Achillea millefolium*. Juin.

531. GONODACTYLA. Schiff. — R. Lisière des bois humides, fonds des glacis. Chenille dans les tiges du *Tussilago farfara*. Juillet.

### G. AMBLYPTILIA. Hb.

532. ACANTHODACTYLA. Hb. — Plus ou moins rare selon les années. Assez commun au bois de Wagnonville. Septembre à novembre. Chenille sur les feuilles de l'*Ononis spinosa*.

### G. OXYPTILUS. Z.

533. HIERACII. Z. — A. C. Lisière du bois de la Placette. En battant les touffes d'*Hieracium umbellatum*. Juin. Très-localisé.

534. PILOSELLÆ. Z. — R. Bois de Flines, fond de l'ancienne sablière. Juin.

### G. MIMÆSCOPTILUS. Wallgr.

535. SEROTINUS. Z. — A. C. Prairies du bois de la Placette. Glacis. Endroits où pousse abondamment la scabieuse. Juin.

536 ZOPHODACTYLUS. Dup. — C. Prairies tourbeuses du bois de Flines. Mai, juin.

537. PTERODACTYLUS. L. *Fuscus*. Retz. — T. C. Dans tous nos glacis. Endroits secs. Juin.

### G. PTEROPHORUS. Wallgr.

538. MONODACTYLUS. L. *Pterodactyla*. Hb. — Abonde dans toutes les prairies. Juin, septembre.

### G. LEIOPTILUS. Wallgr.

539. SCARODACTYLUS. Hb. — A. R. Bois de Flines. Endroits abrités. Touffes d'*Hieracium*. Juin.

540. LIENIGIANUS. Z. — Bois de Wagnonville, au réflecteur. Juillet.

541. INULÆ. Z. — R. Sur le bord des fossés abrités du bois de Flines. Juillet.

542. OSTEODACTYLUS. Z.—T. C., mais très localisé. Glacis, sur les talus. Mai, juin.

### G. ACIPTILIA. Hb.

543. GALACTODACTYLA. Curt. — A. C. Allées humides du bois de Wagnonville. Dans les fourrés. Juin.

544. TETRADACTYLA. L. — T. C. Endroits secs, glacis, où pousse abondamment le *Thymus serpillum*. Juin, juillet.

545. PENTADACTYLA. L. — Abonde dans tous les bois et prairies. Mai, juin.

## Alucitina.

### G. ALUCITA. Z.

546. HEXADACTYLA. L. *Polydactyla*. Hb. — T. C. Sur tous les buissons de chèvrefeuille, dont la chenille dévore la fleur. Mai, juin.

# ADDENDA.

## MACROLÉPIDOPTÈRES.

### APAMEA. Tr.

526. Ophiogramma. Esp. — R. Bois de Wagnonville. Vole lentement la nuit autour des buissons. Juillet.

### PHIBALAPTERYX. Stph.

527. Vitalbata. Hb. — R. Se prend au réflecteur dans le bois de Wagnonville, en juillet.

## MICROLÉPIDOPTÈRES.

### ZANCLOGNATHA. Ld.

547. Tarsicrinalis.. Knoch.—C. Dans tous nos bois en battant le taillis bordant les allées. Juin, juillet.

### CRAMBUS. F.

548. Margaritellus. Hb. — R. Un exemplaire pris au réflecteur. Wagnonville, parties humides du bois. Fin juin, juillet.

### TALÆPORIA. Hb.

549. Lapidella. Gœze. *Lapidicella*. Z. *Pectinella*. Dup. — Fourreau commun mais localisé sur les vieux murs et les troncs d'arbres recouverts de lichen. L'insecte éclot dans les premiers jours de juillet.

### TORTRIX. Tr.

550. Inopiana. Hw. *Centrana* H. S. — Rare. Marais et bois marécageux. Au réflecteur. Juillet et août.

### PENTHINA. Tr.

551. Rufana. Sc. V<sup>té</sup> *Purpurana* Hw. *Rosaceana.*
Hein. — R. Glacis, bois de Wagnonville. Au réflecteur.
Août.

### GRAPHOLITHA. Tr.

552. Tedella. Cl. *Comitana.* Schiff. — Très localisée.
Wagnonville, en battant les pins et les sapins du parc.
Mai, juin. L'insecte qui se rencontre dans cette localité est
une variété très foncée commune en Angleterre, mais rare
ailleurs.

### RETINIA. Gn.

553. Albionana. Gn. *In lit.* — R. Flines, La Placette,
dans les sapinières plantées en *Vaccinium myrtillus.* Fin
mai, juin.

### NEPTICULA. Z.

554. Minusculella. H. S. — P. C. Vergers. Larva :
*Pyrus communis.*

---

Résumé. *Macrolépidoptères.* 527. — *Microlépidoptères,*
554. Ensemble : 1081 espèces.

---

Om. Avant le n° 243 des Macrolépidoptères, lisez
*G. Miana.* Stph.

Er. Au lieu de *G. Paraponyx,* lisez G. *Parapoynx.*

---

N. B. — Je possède encore une vingtaine d'espèces indéterminées en microlépidoptères provenant de mes recherches de cette année et des années
précédentes.

Plusieurs de ces espèces, que j'ai communiquées à M. Ragonot, de Paris,
ont été envoyées à MM. Stainton, de Londres, et Zeller, de Stettin, qui les
ont retournées avec la mention « inconnu » « à rechercher en plus grand
nombre. »

J'espère donc être assez heureux pour découvrir dans nos environs quelques espèces inédites.                                    A. F.

3371. — DOUAI, L. CRÉPIN, IMPRIMEUR, RUE DE LA MADELEINE, 25.

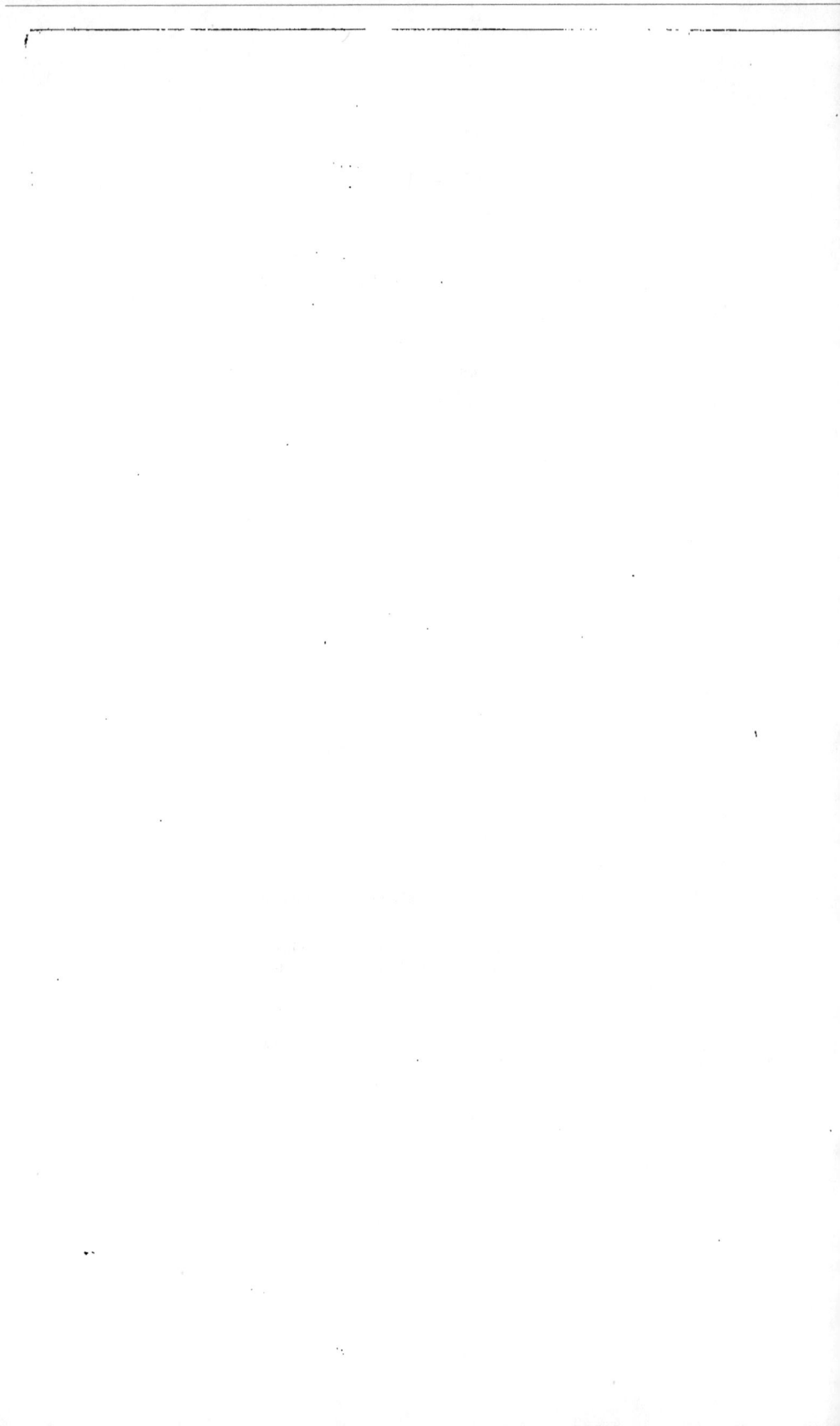

www.ingramcontent.com/pod-product-compliance
Lightning Source LLC
Chambersburg PA
CBHW071816090426
42737CB00012B/2113